エームズ修一

なぜいくら腹筋をしても腹が凹まないのか

GS 幻冬舎新書 348

はじめに

私の職業はパーソナルトレーナーです。「体を変えたい」「スポーツパフォーマンスをアップさせたい」など、各クライアントの様々な要望に応えていくのがその仕事です。どの職業もそうだと思いますが、その仕事の「専門家」として活動していくためにはそれなりの知識と経験が必要です。私も20年間にわたるパーソナルトレーナーとしての活動の中で多くのことを経験し、学んできました。そんな中私が常日頃より危惧していることがあります。それは、私が身につけてきた専門的な知識と、既に世の中の常識になりつつある情報との「ズレ」が大きいと感じられるものが沢山あるということです。つまり巷には、健康や体に関する誤った情報が溢れているのです。それを全部本書の中で紹介していくのは難しいですが、今回は「腹筋」に関して、皆さんの誤解を解くべく書き進めていきたいと思います。

お腹がポッコリと出てきてしまった方がなぜ凹ませるために腹筋運動をするのでしょう？

私は不思議でなりません。「えぇ～！」と思った方はきっとタイトルを見てこの本を手に取ってくださることでしょう。今まで汗水流して頑張ってきた皆さんには何だかとても申し訳ないですが、このことが今私の最も伝えたいことなのです。

最初に皆さんにお伝えしておきます。

腹筋運動ではお腹は凹みません。ましてや、揉んでも、電気を流してぶるぶるさせても、何かを塗ってもお腹の脂肪を減らすことはできません。

「やっぱりそうなの!?」「何で!?」

そんな皆さんの疑問にお答えすべく、「なぜそれらの方法ではだめなのか？」「では実際にはどうしたら良いのか？」、本書ではポイントを絞って200ページ余りにまとめました。きっと皆さんのお腹周りに関する疑問や悩みがスッキリと解決するはずです。

お腹を凹ませたい……その欲求は世代、男女、国籍、また時代をも問わず多くの方が持っている永遠のテーマです。それは健康になりたいという理由からだけではなく、男性であればかっこいいスーツが似合うようになりたいから、または「モテたい」からという方もいらっしゃるでしょう。実際に私どもの施設にもそのようなクライアントは沢山いらっしゃいます。

動機は何であれ良いと思います。この書籍を通じて皆さんの目標が叶えられ、そして皆さんの新たな人生の起点となる……、そんな一冊になることを期待しています。

私は本を読むのが好きです。私が本を読むときは「著者と一対一で向き合う時間」という感覚を持ちながら読んでいます。これから数時間は皆さんが私と向き合ってくださるわけです。それに感謝すると同時に、その向き合ってくださる貴重な時間を決して無駄にしないよう、気を引き締めて筆を進めてまいります。最後のページを読み終わったときに有意義な時間であったと思って頂けたら著者としてこんな幸せなことはありません。

中野ジェームズ修一

なぜいくら腹筋をしても腹が凹まないのか／目次

はじめに 3

第1章 腹筋運動ではなぜお腹が凹まないのか？ 13

「メタボリックシンドローム」を理解すればその理由は明白！ 14
男性は女性よりも楽にいつでもお腹を凹ませることができる！ 18
部分痩せはできない！ 20
効率良く内臓脂肪、皮下脂肪を落とすには 21
有酸素運動が皮下脂肪よりも内臓脂肪に
ダイレクトに効果があることを示す実験データ 23
どのくらい運動すれば良いの？ 24
腹筋運動で痩せないわけ 28
お相撲さんは内臓脂肪がついていない!? 29
太るしくみ、痩せるしくみ 30
腹部の筋肉を鍛えても基礎代謝量はさほど上がらない 32
有酸素運動と筋力トレーニング、どちらを先に行うべきか 38

成長ホルモンが脂肪を燃やす!? 39
筋トレと成長ホルモンの関係性とは 41
脂肪細胞は必要なもの。落としすぎないようにすることもポイント 44
筋肉量と基礎代謝量の関係 46
通販グッズで凹む？ 割れる？ 51
腰を回すとお腹の脂肪が落ちるのか？ 55
体幹トレーニング＝お腹を凹ませる?? 58
インナーユニットが緩むと腰痛になる？ 骨盤が開く？ 60
お腹を凹ますトレーニングで介護予防？ 63
40歳以上の男女の5人に4人が〝ロコモ予備群〟!? 66
喫煙はお腹を出やすくするのか？ 72

第2章 腹筋の構造と筋トレの原則 75

まずは腹筋群の構造を知る 76
腹直筋の構造を理解する 78
外腹斜筋の構造を理解する 80

内腹斜筋の構造を理解する 80
腹横筋の構造を理解する 81
腹直筋を鍛えるとお腹は割れるのか？　割る方法は？ 87
過負荷の原則「速筋線維」と「遅筋線維」 91
筋トレには原則がある 94

第3章 お腹を凹ませる5つのルール 実技編 103

歩くべきか？　走るべきか？ 105
心拍数で有酸素運動の強度を客観的に見る 108
ウォーキング後はだらだらしないこと 111
下半身のトレーニング 113
上半身の大筋群（胸）のトレーニング 127
他の大筋群　その①　大胸筋 127
硬くなりやすい筋肉と弛緩しやすい筋肉 130

上半身の大筋群(背中)のトレーニング 137
他の大筋群 その② 広背筋と僧帽筋 137
インナーユニットのトレーニング 141
アウターユニットのトレーニング 145
腹筋運動(シットアップ)でお腹を割る方法 146
多くの方が誤解している! 筋トレの最重要ポイント 151
体脂肪率ではなく筋肉率を出してみる 156

第4章 お腹を凹ませる3つのルール 食事編 159

摂取カロリーを下げる方法・コツ 160
体重を記録する意味 173
食生活日誌の書き方 175
良質のタンパク質が筋肉を作る 182

第5章　凹んだお腹を維持する方法　191
「行動変容論」をダイエットに取り入れる　192
自分の食行動パターンを知ることで、
食生活を変えるきっかけを作る　194
運動が嫌いな人に何が起きたのか？　204
運動嫌いの人が、運動を続けられるようになる2つの要素　206
自分が楽しみながらできることが何より大事　208
運動を続けるための6箇条　210
セルフ・エフィカシーを高める　219
フルマラソンにチャレンジしている人の腹凹達成率の高さの理由　221
目標を設定しないで長めの計画を立てる　223
絶対できるだろうという計画では長続きしない？　228
サボることは良いことと考える　231
あとがき　233

第1章 腹筋運動ではなぜお腹が凹まないのか？

「メタボリックシンドローム」を理解すればその理由は明白！

厚生労働省が2003年から進めている国民健康づくり運動「健康日本21」という政策があるのをご存知でしょうか？　その「第一次計画」として出されたのが、かの有名な「メタボリックシンドローム（内臓脂肪症候群）対策」でした。

肥満は脂肪がたまる場所により、「内臓脂肪型肥満」と「皮下脂肪型肥満」の2つのタイプに分けられます。内臓脂肪型肥満とは文字通り、お腹の内臓の周りに脂肪がたまるタイプの肥満です。上半身に多く脂肪がつくためリンゴ型肥満とも呼ばれており、中年以降の男性に多い傾向ですが、閉経して女性ホルモンが低下してきた女性にも多く見られます。皮下脂肪型肥満は、皮膚の下にある組織に脂肪がたまるタイプの肥満です。お尻から太ももにかけての下半身に多く脂肪がつくため、洋ナシ型肥満とも呼ばれています。この作用には女性ホルモンが大きく関与しているので、主に女性に多く見られるタイプの肥満です。

メタボリックシンドロームの原因となるのは内臓脂肪型肥満です。なぜならお腹の内臓周りに脂肪が過剰につくと、動脈硬化になる可能性が高く、糖尿病や高血圧症、高脂血症といった生命に関わる生活習慣病を併発しやすくなると言われているからです。

厚生労働省はこの政策の中で、メタボリックシンドロームの判断基準を出しました。その判断基準の一つとして示されたのが、世の中のサラリーマンの皆さんに衝撃が走ったあの「腹部周囲径基準」です。

腹囲（へそ周り）
男性　85センチ以上
女性　90センチ以上
（男女ともに、腹部CT検査の内臓脂肪面積が100平方センチ以上に相当）

この腹部周囲径基準に関しては様々な団体などから賛否両論があったのも事実です。それはこの基準が想定以上に厳しいものだったからです。もしかしたら「自分はまだ大丈夫」と安心している読者の皆さんも引っかかってしまうかもしれません。次ページの図1に正しい測り方を載せますのでこの機会に一度正しく測定してみてください。

ここで大切なのは、この周囲径をオーバーしていたら即座にメタボリックシンドローム

図1 腹部周囲径の正しい測り方（厚生労働省ホームページより）

①立った姿勢で
②息を吐いて
③へその高さに巻尺を水平に巻いて
測定します。

へその位置が下に移動しているときは、Ⓐ肋骨の下縁とⒷ前上腸骨棘の中点の高さで測定します。

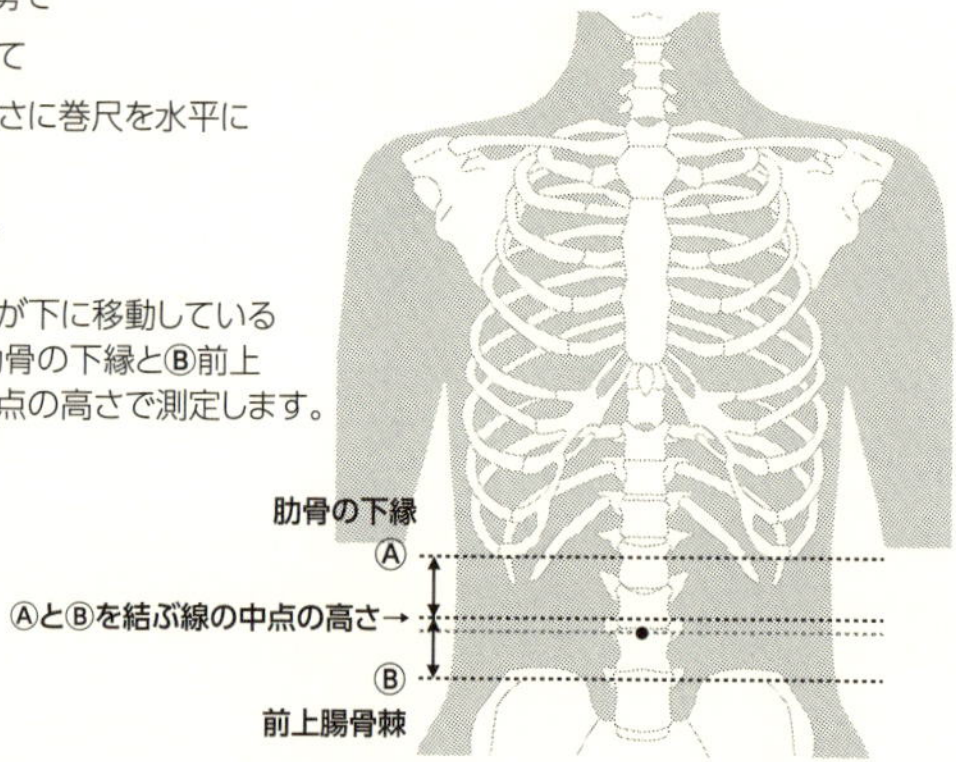

※ズボンやスカートのウエストの位置ではありません。できれば何も着衣していない状態で測定するのが望ましいです。

とみなされるのではなく、これに加えて①高血糖、②高血圧、③脂質異常のうちいずれか2つ以上を併せ持った状態を、メタボリックシンドローム（内臓脂肪症候群）と判断するということです。この3つの判断基準は次ページの通りです。

　さて、このことからもお分かりかと思いますが、お腹が出ているということは、実際に内臓の周りに脂肪がついているということなのです。腹部を輪切りに撮影したCTで、内臓周りに脂肪がついている画像を見たことのある方も多いと思います。内臓の周りに沢山脂肪がついてしまうからお腹が出てしまうのです。だか

①高血糖

空腹時血糖値　110mg/dL以上
糖尿病と診断される**「空腹時血糖値126mg/dL以上」**より低めの数値で、「境界型」に分類される糖尿病の一歩手前がメタボリックシンドロームの診断基準です。

②高血圧

最高（収縮期）血圧　130mmHg以上 **最低（拡張期）血圧**　85mmHg以上 のいずれかまたは両方
高血圧症と診断される**「最高（収縮期）血圧140mmHg以上/最低（拡張期）血圧90mmHg以上」**より低めの数値がメタボリックシンドロームの診断基準です。

③脂質異常

中性脂肪　150mg/dL以上 **HDLコレステロール**　40mg/dL未満 のいずれかまたは両方
メタボリックシンドロームでは、過剰な中性脂肪の増加とHDLコレステロールの減少が問題とされます。

※厚生労働省ホームページより引用　監修／財団法人循環器病研究振興財団

らメタボ判断基準では腹部周囲径を指標として採用しているのです。ということは、お腹を凹ませたければその腹部内容物である内臓脂肪を減らさなければならないということです。もっと分かりやすく表現すれば、妊娠している女性はお腹が出ています。当たり前です。でも出産したらお腹は凹みます。当たり前です。この原理と全く同じなんです！

内臓脂肪を減らすには、摂取カロリーを抑えるとともに、有酸素運動をすることなどで消費カロリーを増やし、体についている脂肪をエネルギー源として使って減らしていくしかありません。

「内臓脂肪を効率良く減らす方法＝腹筋

運動」では決してないのです。

男性は女性よりも楽にいつでもお腹を凹ませることができる！

ポッコリお腹の男性陣には朗報です。

肥満には「内臓脂肪型肥満」と「皮下脂肪型肥満」の2つのタイプがあることは先述しましたが、男性は「内臓脂肪型肥満」の場合が多く、そして実は内臓脂肪の方が皮下脂肪よりも圧倒的に燃焼しやすいのです。

一方女性はというと、「皮下脂肪型肥満」が圧倒的に多い。その理由は女性ホルモンが大きく影響していて、皮下脂肪がついているために出産の準備をすることができ、また女性らしい丸みを帯びた体型を作ることができているからです。ここで女性陣にも朗報なのですが、幸いなことに「皮下脂肪型肥満」の場合どれだけ脂肪がついていても生活習慣病になる可能性が低いのです。実際に私のクライアントにも、体重が3桁でも血液検査では全く引っかからないという方がいます。

ですがそう安心してばかりもいられません。閉経を迎えて女性ホルモンが低下すると今度は男性と同じく内臓にも脂肪がついていきます。そうなったときに皮下脂肪がそのままの状態であればさらに内臓脂肪とダブルでついてくることになるので、それはもう大変です！「見た目と健康維持」の両方の目的があるのならば、両方を落とさなければなりません。

内臓脂肪を減らすには摂取カロリーを減らし、有酸素運動をするしかないことは先程述べましたが、有酸素運動をするとまず内臓脂肪がエネルギーとして使われ減っていきます。そして内臓脂肪がある程度減った後に初めて、皮下脂肪がエネルギーとして使われるようになり減っていくのです。だから皮下と内臓の両方についてしまった女性は大変なのです。その状態になって有酸素運動を始めた場合、まず一定期間を内臓脂肪の燃焼に費やしその後皮下脂肪を減らす段階へと移行する、つまりかなり長い期間継続して有酸素運動をし続ける必要があるということです。さらに体表面に近いところに皮下脂肪という座布団をまとっている状態なので、内臓脂肪が減っても中々見た目の変化として実感できません。

ところが男性の場合、皮下にあまり脂肪がついていないことが多いので、内臓脂肪が減り始めるとすぐにお腹が凹んできたと見た目でも実感でき、さらなるやる気に繋がります。だから男性の方が圧倒的に有利であると言えます。

一方、閉経後の女性は大変です。なので女性は内臓脂肪がつきにくい閉経前が勝負どころ、それまでにどれだけ皮下脂肪を減らしておくことができるかが、人生の後半に美しい体型を保つためにとても重要なのです。

部分痩せはできない!

少し話が横道にそれますが、どこかの皮下脂肪だけを部分的に落とす、いわゆる部分痩せは、実は学術的に人間のエネルギー代謝のしくみから考えて不可能だということは、皆さんご存知でしょうか。皆さんの関心がとても高い問題だと思うので、ここで簡単にその理由を説明しておきます。

人間は生命を維持し、体を動かすためにエネルギーを必要とします。そのエネルギー源の一つが脂肪です。例えば歩くためには脚を動かします。脚を動かすためには、動かしているその脚の筋肉にエネルギーを送ってあげる必要があります。そのエネルギーがいつできるのかというと、体の中全体に蓄えられている全身の脂肪が少しずつ溶け出し、酸素と結びついた脂肪酸が血管の中を通ってその動かしている筋肉のところに行って、その脂肪酸が水と二酸化炭素に分解されるときに発生するのです。つまり動かしている筋肉の上に載っている皮下脂肪が優先的に使われるというわけではないのです。例えば、くびれを作りたいと思って体を捻っても、その脇腹についている脂肪が優先的に使われるわけではありません。

「腰（正確には骨盤）を回して脇腹の脂肪を落としてくびれを作りましょう！」という宣伝をしているものがあったら、疑ってかかっても良いでしょう。

ただ少し朗報もあります。最近の研究では、筋肉のついている部位の上の皮下脂肪はあまり筋肉がついていないところに比べて若干落としやすいとも言われるようになりました。あくまでも若干ですが……。

効率良く内臓脂肪、皮下脂肪を落とすには

その最も有効な手段はずばり、全身の大きな筋肉（下肢などの大筋群）を鍛え全身の筋肉の量を増やし、基礎代謝が高い体を作ることです！

そうすることで有酸素運動時により効率的に多くのエネルギーを消費できる上に、日常生活においても多くのエネルギーを消費するようになり、根本的に太りにくい体になるのです（詳しくは後述）。

いくら腹筋運動を頑張っても腹筋というのは元来つきにくいものである上、もしついて

きたとしても、腹筋運動自体に有酸素運動としての効果、つまり脂肪を減らす効果はほとんどないため、腹筋の上を分厚い脂肪が覆っている限り、その鍛えた腹筋が姿を現してくれることはありません。それだったら、全身の大きな筋肉（下肢などの大筋群）を鍛え全身の筋肉の量を増やし、基礎代謝が高い体を作ることの方がはるかに、有酸素運動をしたときにお腹を含めた体全体の脂肪を落ちやすくするのに効果的です。

ここでまた一つ男性にとって有利なお知らせなのですが、男性は女性に比べるとホルモンなどの関係により圧倒的に筋肉がつきやすいのです（このことに関しては後程49ページでも触れます）。

男性クライアントの中には、「中々痩せない」「思うようにお腹が凹まない」「もっと早く効果を出したい」などとおっしゃる方がいます。しかしこれはちょっと女性に対して失礼なぼやきだなぁ～（笑）と思います。これだけ男性にとって有利な条件が揃っているわけですから。女性の方がはるかに大変なんですよ!!

「そんなに女性が大変なら我ら男達は愚痴を言わず頑張らねば！」そんなふうに思って頂けたら幸いです。

有酸素運動が皮下脂肪よりも内臓脂肪にダイレクトに効果があることを示す実験データ

ここで一つ面白い実験データを紹介します。

（『脂肪細胞の驚くべき真実――メタボリックシンドロームの科学』松澤佑次著・中央法規出版、一部引用）

ａ：強制的に運動させるマウス

ｂ：じっとさせておくマウス

どちらのマウスにも餌を過剰に与え過食させます。運動させているａのマウスでも必要摂取カロリーをゆうに超えるくらいに過食させているので、当然どちらのマウスとも太っていきます。すると興味深いことに、皮下脂肪は運動の有無にかかわらずａ、ｂ双方のマウスにおいて余分なエネルギーに相当する分蓄積されていくのですが、内臓脂肪に関してはｂの運動させないマウスにのみどんどん蓄積されていく、ということが判明したのです。

つまりａの運動させるマウスでは、ｂのマウスにおいて内臓に蓄積されていった分が、運動するエネルギーとして筋肉で使われているということです。分かりやすくたとえると、食事で体内に摂取されたエネルギーは、ちょうど鉄道のレールが切り替わるように、運動すれば筋肉に向かっていきその場で使われて、運動しないでじっとしていれば内臓の周りに向かっていき脂肪として蓄積される、という巧妙なコントロールが行われているようです。

このマウスの実験で分かったことは、常に動き続けていれば内臓脂肪がつくことはないということです。そして皮下脂肪は運動とは無関係で過剰なエネルギーをゆっくりゆっくりとためていくということです。

どのくらい運動すれば良いの？

では実際にどのくらいの有酸素運動を行えば、効果があると言えるのでしょうか？

一つの判断基準として、アメリカスポーツ医学協会では1日30分の運動を推奨しています。

「20分以上続けて有酸素運動をしないと脂肪は燃えない」

こんな話を耳にしたことのある方も多いと思います。しかしこの説は今ではほとんど聞かれなくなりました。

20分以上運動しなくても、今の皆さんのように本を読んでいるときですら、私たちの体の中で脂肪はエネルギーとして使われています。人間の主なエネルギー源は「糖質と脂

ます。

運動をしているときも、糖質と脂質は同時に使われているのですが、それぞれがどのぐらいの割合で使われているのかは運動強度によって左右されます。ウォーキングであれば歩くスピードや坂道などの勾配がそれにあたります。

実は本を読んでいるときのような安静時など、運動強度が低い場合ほど脂質がエネルギーとして使われる割合が多くなります。激しい、強度の高い運動になればなるほど糖質の使われる割合が多くなります。安静時は消費するエネルギーの80％程度を脂質でまかないますが、ウォーキングなどの有酸素運動では50％程度です。

であれば、ウォーキングなんてしないでじっとしている方が体脂肪は減るのではないか？　と考えてしまいますよね。ところがそう単純にはいかないのが現実です。

確かに安静時の方が、脂質の使われる割合は多いのですが、ウォーキングに比べると消費カロリーは低くなってしまいます。

実際に計算してみましょう。

平均的な成人男性が安静時に消費するカロリーは1日約1800キロカロリーです。そのうちの80％が脂質でまかなわれているので、1800キロカロリー×0・8＝1440

キロカロリーの脂質が1日に消費されているということです。

1時間あたりに換算すると1440キロカロリー÷24時間＝60キロカロリーです。（食事から摂る脂質のエネルギーは1グラム9キロカロリーですが）体脂肪は1グラム7・2キロカロリーなので、60キロカロリー÷7・2キロカロリー≒8・3グラム、つまり安静にしているだけの場合、1時間あたり約8・3グラムの体脂肪が減少するという計算です。

ではウォーキングの場合はどうでしょうか。速度等にもよりますが、例えば、30代成人男性・体重65キロの方が分速90メートル（時速5・4キロ）で1時間行った場合の消費カロリーは約339キロカロリーです。この約339キロカロリーの50％が脂質でまかなわれているので、安静時と同様に計算していくと、339キロカロリー×0・5≒170キロカロリー、170キロカロリー÷7・2キロカロリー≒23・6グラム、すなわち安静時の約3倍近くの体脂肪が減少するということが分かります。運動時は安静時に比べて脂質が使われる割合は減るけれど、時間ごとに消費するカロリーが多いので、体脂肪を多く減らせるのです。当然、ランニング等さらに強度の高い運動であれば消費カロリーも多くなるので、5倍・6倍とより多くの脂肪を燃焼し減少させることができます。

では強度をどんどん上げていけば良いのかというと、そうとも限らないのが難しいところです。あまり強度を上げすぎてしまうと今度は息が上がってしまい長時間行うことができないため、結果総消費カロリーがあまり増えずに効率が悪くなってしまうからです。

体感的な尺度として、効率的に脂肪を燃焼できる、すなわち適度に負荷があってある程度の時間継続して行うことができる運動強度の目安は、「ややキツい」と感じる強度、『息が弾むぐらい』の強度であると一般的には言われています。

話を戻しますが、このように安静時にも脂肪は燃焼しカロリーが消費されているのですから、20分以上運動を継続しなければ脂肪が燃えないというわけでは決してないと、ご理解頂けたかと思います。

さらには、20分間運動を継続するのと、10分間の運動を2回行うのとでは、実は脂肪の燃焼量に大差がないということも近年明らかになってきました。

ということは、推奨される1日30分の運動と一口に言っても、例えば朝ちょっと遠回りして10分かけて駅まで歩いていき、昼休みに遠いところまで10分歩いてランチに行く、そして夜も駅から回り道して10分かけて帰る、このような小分けの30分でも、速度が同じであれば30分連続してウォーキングするのと消費するエネルギーの量は変わらないということになります。20分以上運動を続けないと脂肪が燃焼しない、そんな時間がないから運動できないという言い訳は、もはや通用しないのです。

腹筋運動で痩せないわけ

腹筋運動をする場合、皆さんは果たしてどれだけの時間動き続けることができますか？　また、ウォーキングのような有酸素運動とどちらの方が長時間動き続けることができますか？

読者の皆さんの中には、有酸素運動という言葉を聞いて無酸素運動という反対の言葉を思いつく方もいらっしゃると思います。腹筋運動は無酸素運動であると考える方もいるかもしれませんが、実は正確に言うと違います。100メートルダッシュなど、短時間で大きなパワーを出すようなハードで瞬発的な運動に限り、エネルギー源を主に糖質から摂る無酸素運動に分類されます。どんな運動でも継続して数をこなせば立派な有酸素運動です。完全なる無酸素運動、つまり酸素がエネルギー代謝に全く関与しない動作というのは、日常生活ではほとんどあり得ません。腹筋運動も連続して行えば、立派な有酸素運動の一つなのです。

しかし腹筋運動という動作を分析してみると、腹直筋というごく小さな筋肉のみに重力という負荷を与えて動かしていることが分かります。たった一つの筋肉のみに負荷をかけ続ければ、すぐに疲労して動かなくなってしまいます。

ではウォーキングの動作を見てみましょう。もも周りや臀部、ふくらはぎなど沢山の大きな筋肉の動きから成り立っています。腹筋運動を続けて行えるのは人にもよりますがせいぜい20回ぐらい、時間にして1〜2分程度なのに対し、より多くの時間、少ない疲労で動かし続けることができるのは明らかです。

お相撲さんは内臓脂肪がついていない!?

力士はあれだけ体が大きいのにもかかわらず、またあれだけ沢山の食事をしているのにもかかわらず、CTスキャンで腹部を輪切りにして見てみると、想像するほど内臓脂肪はついていないそうです。力士は毎日6〜7時間も稽古を行うそうです。ということはつまり先程のマウスの実験の通り、過剰にエネルギーを摂取しても6〜7時間も稽古で動き続けているので内臓脂肪としてはほとんど蓄積されず、皮下脂肪としてたまるのです。もちろんあの体型とパワーを維持するための筋肉も相当必要でしょう。筋肉と皮下脂肪であれだけの大きな体を作っているということです。

しかし筋肉が多いということは、基礎代謝量も多く当然皮下脂肪も落ちてしまいやすいわけで、それに負けないだけ食べなければならないのです。食べるのも稽古の一つと言われる所以なのでしょう。

もちろん、毎日力士のように6~7時間の運動をしましょうということを言っているのではありません。また力士ほど沢山食べているわけではないので、皆さんは実際にそこまで行う必要もありません。

太るしくみ、痩せるしくみ

脂肪がつく（蓄積される）しくみは単純明快です。摂取カロリーが消費カロリーを上回ると、余分なカロリーが内臓脂肪や皮下脂肪といった体脂肪として体に蓄積されます。

摂取カロリーと消費カロリーが同等、つまりエネルギーの収支が適正であれば太らないということですし、消費カロリーが摂取カロリーを上回れば、その分体脂肪がエネルギーとして使われ減少する、つまり痩せるというわけです。

人間の総消費エネルギー量の内訳は次の通りです。

基礎代謝……………約60％
身体活動……………約30％
食事誘発性熱産生……約10％

あくまでも一般的なパーセンテージの内訳ですが、このように基礎代謝が過半数の割合を占めています。ちなみに基礎代謝とは呼吸や体温維持、内臓の働き、細胞の再生などの新陳代謝で使われるエネルギー、つまり何も活動しなくても生きているだけで消費されるエネルギーの総計です。

身体活動には仕事や家事などの日常生活、スポーツ、トレーニングなどが含まれます。

先程も述べた通り、痩せるためには消費する量が摂取する量を上回る必要があるわけで、それを実現するためには、消費エネルギーを増やし、摂取カロリーを抑える、２つの策を講じなければなりません。

腹部の筋肉を鍛えても基礎代謝量はさほど上がらない

消費カロリーを増やすには、基礎代謝と身体活動による消費量をそれぞれ増やせば良いわけです。

最近は昔に比べあらゆるものが便利になった反面、体を動かす必要が減ってきています。そして年齢とともに経済的な余裕が出てくれば、タクシーを使うようになったり、車を所有したりと、さらに身体活動は減少していきます。今はクリック一つでお米が家に届く時代です。全く家から出なくても、食べて生きていくことができるのです。

裏を返せばそれら生活スタイルの一つひとつを見直すことで、改めてスポーツをしなくても、身体活動によるエネルギー消費量を増やせるということです。例えばタクシーを使わずに電車と徒歩にする、エレベーターを使わずに階段を利用する、ネットショッピングではなく実際に買い物に出かけてみるなど、ちょっとした生活スタイルの変更で消費エネルギーは簡単に増やすことができます。

では最も多くの割合を占める、生きているだけで消費できるエネルギー【基礎代謝】を上げるためにはどうしたら良いのでしょうか？

次の表は基礎代謝の内訳、つまり部位別によるエネルギー消費量の割合を示したものです。

骨格筋	約22％
肝臓	約21％
脳	約20％
心臓	約9％
腎臓	約8％
脂肪組織	約4％
その他（骨・皮膚など）	約16％

(出典：Elia M. Organ and tissue contribution to metabolic rate. In：Kinney JM, Tucker HN eds. Energy Metabolism: Tissue Determinants and Cellular Corollaries, Ravan Press, p61-80, 1992)

ご覧の通り骨格筋の占める割合が最も多くなっています。骨格筋とは簡単に言えば、内臓などの筋肉ではない、骨格を動かすための筋肉、つまり腕や脚、背中や胸などの筋肉の

図2 腹壁の筋肉（横断）

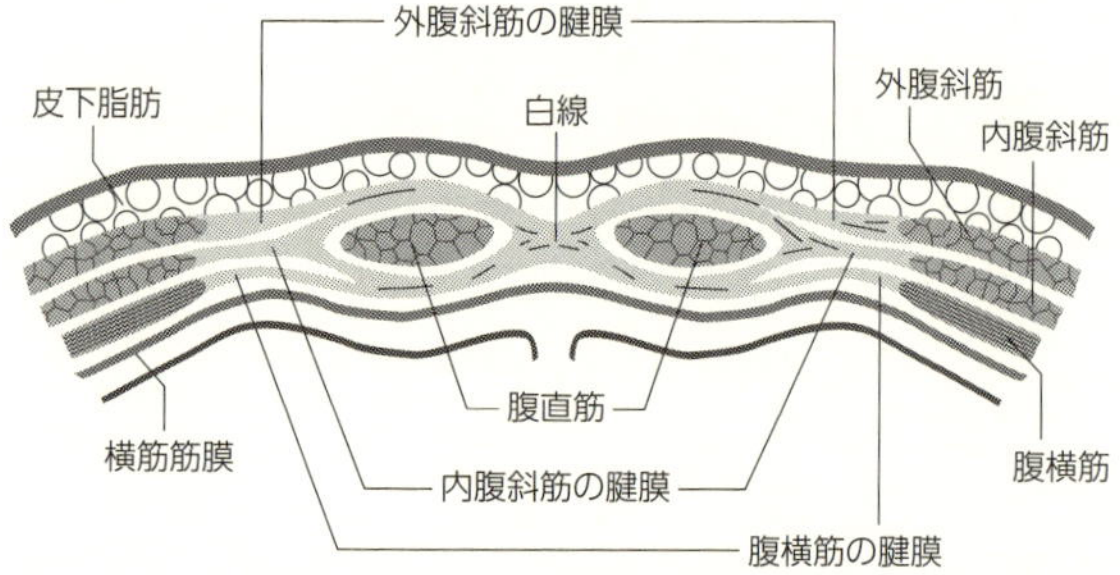

出典：『身体運動の機能解剖』（医道の日本社）

ことです。ということは、筋肉量が多い人と筋肉量が少ない人とでは基礎代謝量に大きな差ができるということです。脳や内臓で使われるエネルギー量を増やすことは難しいですが、骨格筋（筋肉）は自分の努力次第でどうすることも可能です。つまり筋肉量を意図的に増やせば、基礎代謝が上がり脂肪の燃焼しやすい体になるというわけです。

では効率良く筋肉量を増やすにはどうすれば良いのでしょうか。

図2をご覧ください。

一般的に腹筋と呼ばれている（便宜上この本の中でも呼んでいる）筋肉は存在しないということに皆さんお気づきでしょうか？　正式には腹筋群と言い、

腹直筋《ふくちょくきん》、外腹斜筋《がいふくしゃきん》、内腹斜筋《ないふくしゃきん》、腹横筋《ふくおうきん》の4つの筋肉で構成されている「筋群」なのです。

図2からもお分かり頂けるように、この4つの筋肉が層のように重なり合い、肋骨と骨盤の間の腹腔と言われる空間を覆っている膜の層のようになっているのです。

心臓や肺は肋骨という硬い骨組織で覆われて保護されています。しかし腹部の内臓を守るために肋骨を延長させてしまったらどうなるでしょう？　人間特有の体を捻る、前後に倒すなどの動作ができなくなってしまいます。肋骨のような骨組織ではなく、腹筋という随意で動かせる骨格筋にすることによってその動作は可能なのです。つまり腹筋は【内臓を覆う】【上肢を動かす】という2つの役割を担っているわけです。

動かすとなると膜ではなく大きな筋肉にしなくては？　と思われるかもしれませんが、下半身のように体全体の重さが加わり、体重を移動させるという大仕事ではないので、下半身よりもはるかに小さくて事足りますし、内臓を守るという役目を果たすためには膜（腹巻やコルセット）のような形状が適していると言えます。

その非常に小さい筋肉である腹筋群を鍛えて若干大きくしたとしても、体全体の筋肉量からすれば微々たる増加で、基礎代謝量もほとんど変わることはありません。だったら下肢などサイズの大きい大筋群を鍛えた方が断然効率的だと考えられます。

脚やお尻を見てください。腹筋群よりも厚い、大きな筋肉で作られています。体を支え、全体重を移動させる必要があるわけですから、それだけの大きさと量が必要なのですね。

ところがその下肢の筋肉は、次ページのグラフ1からも分かるように非活動的な生活をしている人の場合、20歳をピークに減少します。その量は、1年間で約1％の筋肉量が減少すると言われています。そんな基礎代謝のうち約22％を占める骨格筋の中でも大部分を占める下肢の筋肉がそのペースで減っていくとなれば、基礎代謝自体も大きく減少していくことは容易にご理解頂けると思います。

もちろん腹筋運動に全く効果がないとは言いません。腹筋群の筋肉量自体が少ないので鍛えて増える量も少ないですが、基礎代謝は若干増えますし、腹筋群4つの全ての筋肉を正しく鍛えているのであれば、内臓をきっちりした場所に収め、正しい姿勢を作ることでお腹を凹ませようという作用は起こります（ただし脂肪自体が減るわけではありません）。腹筋運動が全く役に立たないわけではないのです。回数をこなせるようになれば一種の有酸素運動にもなります。

しかしこれらのことを総合的に考えても、やはり優先順位が高いのは下半身の筋肉です。もし皆さんに余裕があり、やってみて「面白い！」「楽しい！」と感じるのであれば下肢

グラフ1 加齢と筋肉量の減少

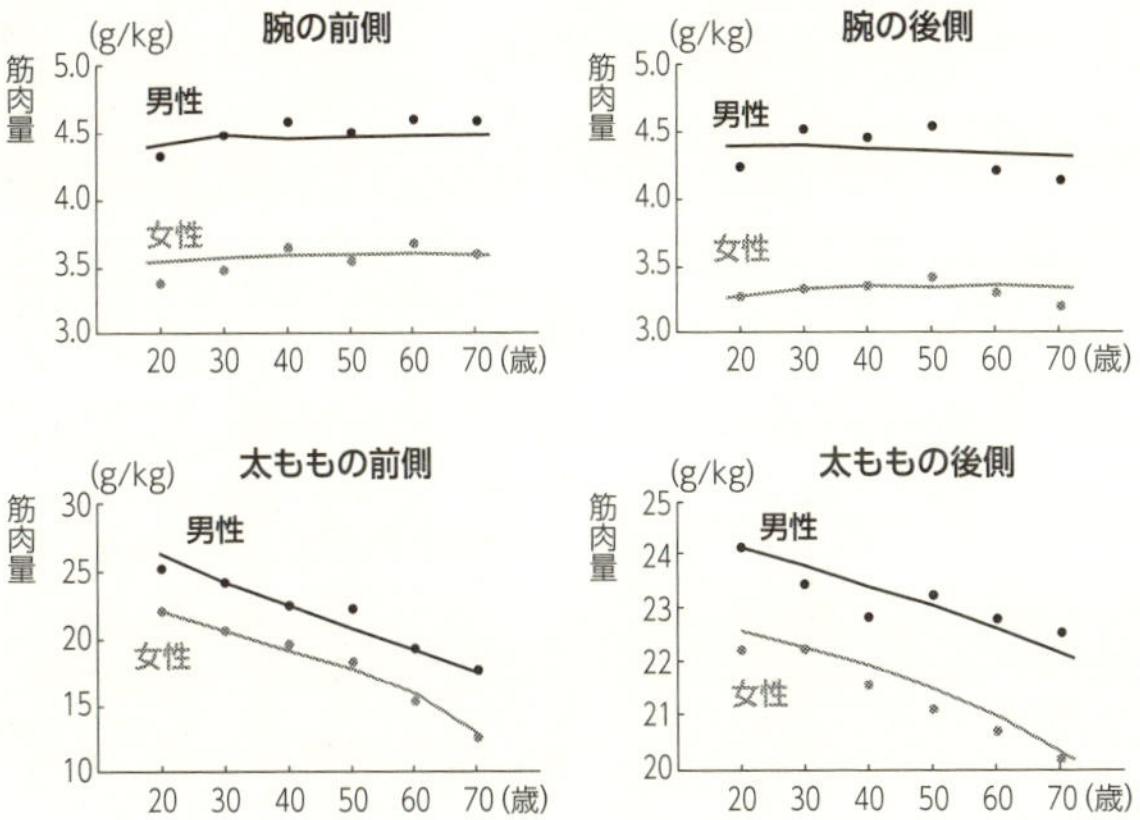

出典：東京大学身体運動科学研究資料室『貯筋通帳』（ワニマガジン社）より

のトレーニングと腹筋群のトレーニングの両方を行うのが理想的です。ですがその分トレーニングでやるべき種目が最初から多くなってしまうのでモチベーションを維持させることが難しいかもしれません。運動やトレーニングの経験があまりない方は、できるだけ最初は優先順位の高い、最低限の種目から始めることが長続きのための秘訣です。まずは下半身の大筋群を鍛えることを優先し基礎代謝を上げることを目指しましょう。基礎代謝が上がるということは、何もしていなくても消費カロリーが高い、太りにくい体になるということですから、こんなお得な話はありません！

有酸素運動と筋力トレーニング、どちらを先に行うべきか

さてここまで読んで頂くと大体「内臓脂肪を減らすことでお腹を凹ませる」ということについて理解できてきたことと思います。ここで一度大きくまとめておきます。

お腹を凹ませる、内臓脂肪を効率良く減らす方法は、

●息が弾むぐらいの強度設定にして効率良く有酸素運動をしましょう

しかしせっかく有酸素運動をしても筋肉量が少ないと脂質がエネルギーとして使われる量も少ない。そこで生命を維持するだけで消費しているカロリー【基礎代謝】を増やし、根本的に太りにくい体を作ることが大切。そのために、

●大筋群と呼ばれる大きな筋群、もも周りやお尻などの下半身の筋肉を鍛えましょう

つまり、

「有酸素運動＋下半身の筋肉を鍛える筋力トレーニング」

このセットの重要性を分かって頂けたと思います。

ここで一つ、賢い読者の皆さんには疑問が生じているのではないでしょうか？

有酸素運動と下半身の筋トレ、どちらを先にやった方が良いのか、皆さんはどう思われ

ますか？

実はこの順番に私達専門家が指導現場で行っている裏ワザがあるのです。

結論から言うと「お腹を凹ます＝内臓脂肪を減らす」のであれば、筋トレを行ってから有酸素運動を行った方が効果的です。

成長ホルモンが脂肪を燃やす!?

そのわけは、筋トレを行うと成長ホルモンの分泌量が高まり、それがその後に有酸素運動をしたときの体脂肪の燃焼量アップを促すからです。

ではまず成長ホルモンについて説明していきましょう。

成長ホルモンは脳（脳下垂体）から分泌されるホルモンの一種で、1日の中で「15分かけてピークまで上昇・60分かけてゆっくり低下していく」という繰り返しを8回ほど行いながら分泌されていると言われています。そして加齢とともにその回数や1回のピーク時に分泌される量は減少していきます。「成長」ホルモンという文字通り、基本的には組織や細胞の成長を促す働きをしていると考えられてきました。

ところが近年になって、どうやら脂肪の分解にも関与しているようだ、ということが解明されてきました。

もともとは1980年代に、体脂肪が増大しやすい成長ホルモン欠損症患者らに、成長ホルモンを投与してみると体脂肪が減少した、という症例が発見されたことにさかのぼります。そしてそれ以降は、多くの研究者らによって様々な検証がなされてきました。

ある研究者は、成長ホルモンを静脈注射して血中成長ホルモン濃度をピークの状態にし、その後の体脂肪の分解について調べました。

体脂肪は通常、脂肪細胞の中で中性脂肪として蓄えられています。そして運動時に体がエネルギーを必要とすると、中性脂肪は脂肪酸とグリセロールに分解されて血液中に遊離し始めます。これを遊離脂肪酸と言います。

つまり成長ホルモンを注射した後に血中の脂肪酸とグリセロールの濃度が高まれば、体脂肪が分解されているという指標になるのです。結果はというと、成長ホルモンを一定量注射した2時間後に、血中の脂肪酸とグリセロールは約2倍にも増えたということです。

さらに成長ホルモンが腹部の脂肪に対してどう関与しているかを見るために、腹部と大腿部の脂肪組織にそれぞれ局所的に遊離されているグリセロールの濃度を調べたところ、腹部の脂肪の方が大腿部の脂肪に比べ多くのグリセロールが遊離していたということです。

「成長ホルモンが実際にどのようなメカニズムで脂肪を分解しているのか？」ということまでは残念ながら完全には解明されていないので、この研究によって「成長ホルモンが腹部の脂肪に効く！」と断定するには少し時期尚早かもしれませんが、少なくとも腹部の脂肪を分解するのに何らかの関与をしているとは、言えるのではないでしょうか。

筋トレと成長ホルモンの関係性とは

実は成長ホルモン以外にも、脂肪の分解に関与している物質はいくつかあります。そのうちの一つが「ノルアドレナリン」という物質です。皆さんも何となく聞き覚えがあるのではないでしょうか（厳密に言うと、ノルアドレナリンは直接的に脂肪分解を担っているというわけではなく、「リパーゼ」という酵素を強く活性化させ、直接的にはそのリパーゼが脂肪分解の役割を担っています）。

適切な筋力トレーニングを行うと、筋肉の中の乳酸濃度が高まります。そして乳酸濃度が高まると、ノルアドレナリンと成長ホルモンの両方の分泌量が促されると言われています。詳しいメカニズムは私の知る限りではまだ解明されていませんが、何らかの形でそれらが脂肪燃焼を効率的に促しているのではないかと考えられています。

次ページのグラフ2を参照ください。

筋トレを先に行ってから有酸素運動を行う場合では、筋トレの後には成長ホルモンの分泌量及び遊離脂肪酸（脂肪酸とグリセロール）量が高まり、その後有酸素運動を行うと、その値は高い状態で維持されることが分かります。

一方で有酸素運動をしてから筋トレをした場合はどうなるかというと、筋トレをしているときには成長ホルモンの分泌はほぼ完全に止まっていて、遊離脂肪酸の濃度も低下してしまっていることが分かります。つまり脂肪燃焼にも非効率であると同時に、筋肉量を増やす目的の筋トレに対しても非効率であることが分かります。

しかし注意点として補足しておきますが、筋トレのような高負荷を筋肉にかけるということは、同時に関節へも過度な負担をかけることになります。怪我予防など安全面を考慮し、筋肉・関節などの準備運動として、10分程度の軽い自転車漕ぎやジョギングなどを、必ず事前に行うようにしてください。その程度の軽い運動であれば、非効率になるような影響は及ぼさないことも分かっていますので問題ありません。

グラフ2 エクササイズの順番と成長ホルモンの分泌量

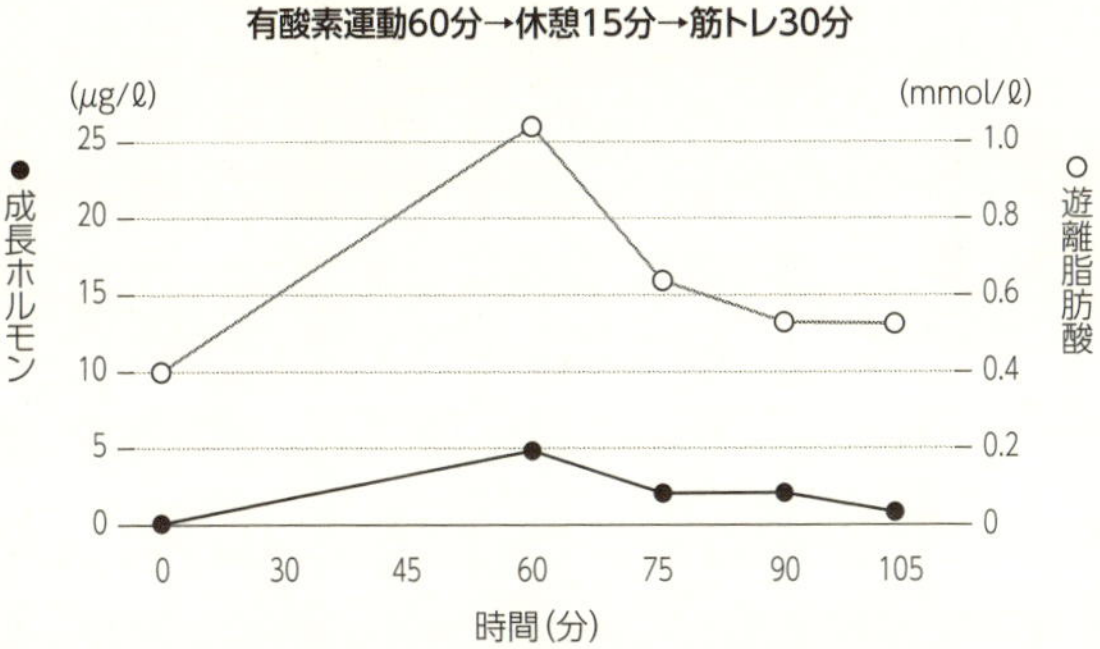

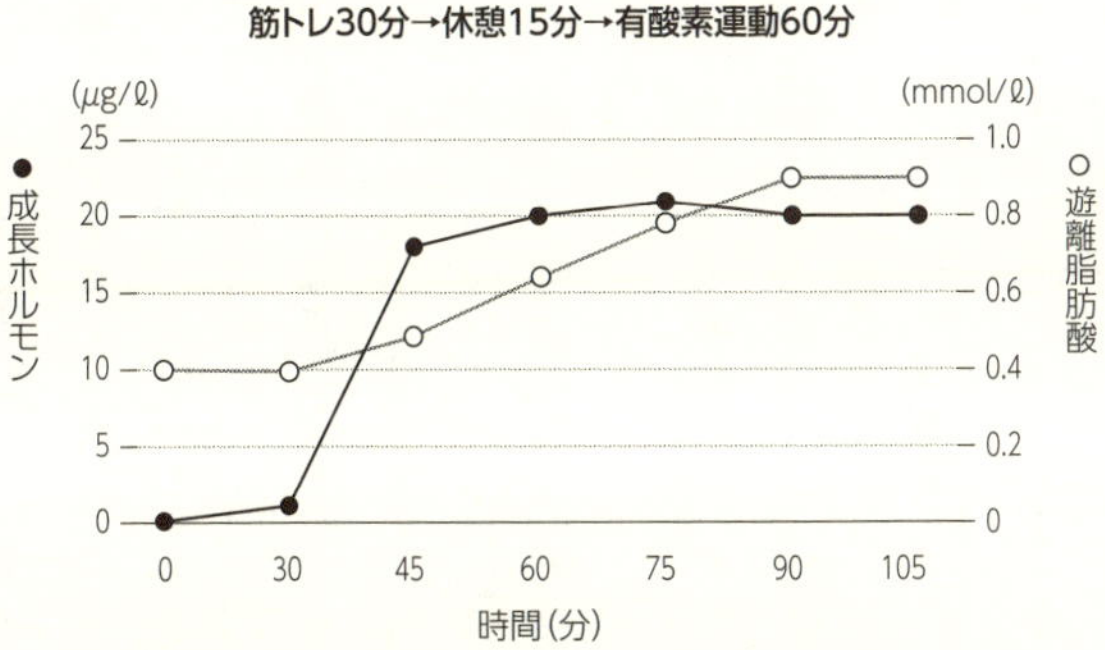

黒丸が脂肪燃焼を促す成長ホルモンの分泌量。筋トレを最初に、次に有酸素運動を行う方が圧倒的に成長ホルモンの分泌量が多い。

出典：『体脂肪が落ちるトレーニング』(高橋書店)

脂肪細胞は必要なもの。落としすぎないようにすることもポイント

体の中に蓄えられた脂肪、つまり体脂肪はお腹を出させてしまうだけでなく、生活習慣病など様々な病気のトリガー（引き金）になっています。しかし絶対に勘違いしないでもらいたいのは、この脂肪も人間にとってなくてはならないものであるということです。飢餓に備えてエネルギーを備蓄することを筆頭に、低血糖を防いだり、全身の臓器に肝臓を介して栄養を補給したり、またはその他の体の反応と合わせて、外部から侵入してくる細菌から体を守ったり、出血を止めたり……、これらのように脂肪がメインで行っている、または関与している体の機能は山ほどあります。脂肪細胞には本来人間の体を守る機能もあるのです。

ところが、過剰に脂肪を蓄えてしまうとその本来の脂肪細胞が行う体を守る機能が正常に働かなくなってしまうのです。そしてまたある程度まで脂肪が減ると、その機能は正常に働くようになります。人間の体は複雑にできているのですね。

また、その体脂肪量が減りすぎてしまっても、それらの機能は正常に働かなくなります。体脂肪が少なければ少ないほど良いわけではありません。一般的に体脂肪量を減らしすぎてしまうとまず免疫力が低下すると言われています。

また女性は子供を産む準備をするために、体脂肪率が最低17%必要であると言われています。もちろん個人差はありますが17%を切ると生理が止まる場合もあります。

男性はそういった意味では過度に気にすることはないですが、低すぎると免疫力が低下し風邪を引きやすくなることはよくあります。これは私の経験ですが、数年前に自己ベストの更新を狙ってフルマラソンの練習を本格的に行っていたときは、練習量も増えていましたし、体重を軽くすることもタイムを縮めることに繋がるので意識して摂取カロリーもコントロールしていました。ところが、2月の大会に照準を合わせて練習&体作りをしていたのですが、10月ぐらいから風邪を引き始め、そこから1月までずっと治っては引き、治ってはまた引きの繰り返しでした。風邪の症状があるときは練習ができず、焦りとイライラが続きます。やっと治って練習を再開してもまた引く。そんな繰り返しをしていたときにふと体脂肪計に乗ったら、なんと体脂肪率が7%だったのです。そのときはアスリートであれば当たり前の数値ということで特に気にはしていませんでしたが、今になってよく考えると、7%というのは、冬場に過酷な練習を積んでいた身にとってはやはり低すぎたのではないかと感じています。

もちろん免疫力の低下は体脂肪率だけが要因ではないですし、どこまで下げて問題ないかは個人差があると思います。私自身はというと、ここ最近は10～12%の間で維持しています。そのお陰かどうか分かりませんが、あのとき以来ここ数年風邪を引いていませんし、血液検査の数値も全く問題がありません。

減りすぎると確かに問題はありますが、当面その心配は不要かと思います（笑）。

その心配をする日を夢見て、今は余分な内臓脂肪を少しでも減らすことに専念しましょう！

筋肉量と基礎代謝量の関係

筋肉量が減ってくると基礎代謝量が下がり、ウォーキングなどの有酸素運動をしたときの脂肪燃焼量も減ってくる、つまり効率良くお腹の脂肪である内臓脂肪を減らせない、太りやすい体になってしまうということは十分に理解して頂けたはずです。

ここではその具体的な数値を見ていくことにします。諸説あるうちの最も一般的な説では、筋肉が1キロ減ると基礎代謝量が約50キロカロリー下がると考えられています。もちろんその逆もまた然りです。

「たった50キロカロリー？」と思われた方も多いかと思います。

普段から意識して運動をしない生活をしていると、1年で下肢の筋肉量が約1％減ると言われています。たった1％と思うかもしれませんが、それに伴い1日の基礎代謝量も減るわけで、摂取カロリーが変わらなければ当然使われずに余った分は体脂肪として蓄積されます。さらに年齢が増していくと、あるいは自由に使えるお金が増え、生活に余裕ができて、人づきあいが多くなり、美味しいものの味を一旦覚えてしまうと、お酒が美味しいと感じるようになると……想像しただけでも恐ろしいですね。基本的に美味しいものには沢山のカロリーがあると言って間違いありません。筋肉量は年々落ち、摂取カロリーはどんどんアップする。こうして加速度的に内臓脂肪がついてお腹が出てくるのです。

私はダイエットについてのアドバイスを依頼されるとこう聞き返すことが多いです。

「昨年は体重何キロでしたか？　そして20歳のときは何キロでしたか？」

例えば運動不足で20歳から年1キロのペースで体重が増えていると30歳で10キロ増えていることになります。しかし本人からすると、1年間で1キロしか増えていないので、あまり深刻に考えていない場合があります。1年で5キロ、10キロと増えたら、当然危機感を持って本気でダイエットしようと考える方が多いでしょう。でも年に1キロ程度だと特に危機感を抱くこともなく、そのまま10年、20年と経過し、10キロ、20キロ増えて初めて

「何とかしなければ！」と気づくというパターンが多く見られます。ですがそうなってからだと筋肉量も相当落ちていることが多く、生半可な努力では体重を減らすことはできません。

「40代になって急にお腹が出てきた」というふうに感じている方も多いかもしれません。

ですがもしあなたが学生時代を最後に、ほとんど運動をしない生活を続けてきていたのだとすれば、それは急にお腹が出てきたのではなく、10年、20年かけて徐々に出てきたものに、ようやく気がついただけのことかもしれません。

さて話を戻しましょう。

あくまでも計算上ですが、もしも適切な運動が行われなかった場合、筋肉が1キロ減ると、基礎代謝の消費カロリーだけで1日あたり50キロカロリー減ることになるので、1年365日で1万8250キロカロリー余ってしまうということになります。これを体脂肪に換算すると（1グラム7・2キロカロリーで計算すると）、およそ1年で2・5キロ増となる計算です。基礎代謝以外にも、諸々の活動による消費カロリーも筋肉量の低下によって減少するので、実際はそれ以上でしょう。

だからこそ、これ以上の筋肉量の減少を一刻も早く食い止め、減ってしまったその筋肉を取り戻すことが急務であると言えます。男性であれば男性ホルモンが優位にありますので1年で1キロの筋肉量を取り戻すことは決して難しいことではありません。

しかし、腕周りやお腹など、サイズの小さい筋肉や厚さがない膜のような筋肉をいくら鍛えてもキロ単位で筋肉量は増えません。せいぜい数十グラムでしょう。キロ単位で筋肉を増やすには、脚、臀部、背中、胸などサイズが大きく、厚さのある筋肉を優先的に鍛える必要があるのです。

個人差はありますが、それらの下半身、胸、背中の三大大筋群を集中的に意識して鍛えれば男性の場合2、3キロ単位で増やすことはそう難しいことではありません。

例えば筋肉量が3キロ増えたら約150キロカロリーの基礎代謝がアップすることになります。1カ月で約4500キロカロリーアップです。

ここで一つ注意していただきたいのが、体重が3桁のようなかなりの過体重の方でない場合、筋肉量で3キロ増えて、その分基礎代謝と有酸素運動でのエネルギー消費も上がり内臓脂肪がかなり減ったとしても、体重的にはさほど変化がなく、むしろ増えているかもしれないということです。それは筋肉の方が体脂肪よりも比重が大きいからです。なので「逆に太ってしまった……」などとがっかりしてあきらめてしまわないようにしてください。

一般的な場合ですが、私達トレーナーは1カ月で2キロ以上の体重減だった場合はその運動指導は失敗だったと受けとめることが多いです。1カ月で2キロ以上も落ちてしまったということは、筋肉は体脂肪よりも比重が大きいので、体脂肪も減ったかもしれないが、おそらく一緒に筋肉量も減らしてしまった可能性が高いです。

よく「1カ月で何十キロ減!」と謳っている広告などがありますが、あれは私のような指導者の立場からすると失敗例を沢山作っていますよと言っているように思えてなりません。

栄養士さんとの間でよく話題になるのですが、食事指導だけでダイエット指導をすると、どんなにタンパク質の量やバランスを注意して指導しても運動を併用させないと筋肉量が落ちてしまうそうです。

筋肉は負荷という刺激を与えることによって増えていきます。その刺激がなくなったら、人間の体は「こんなに筋肉はいらないから減らしてしまおう、それよりもエネルギー源でもある脂肪を蓄えておく方が重要だ!」というふうに反応してしまうのです。それが、男性の場合は、内臓脂肪がたまりお腹が出てくるという形で顕著に現れるのです。

通販グッズで凹む？ 割れる？

ところで、お腹周りについている皮下脂肪をつまんで、「これ取れないかなぁ」と思っているとき、またお腹をポンと叩いて「これ凹まないかな」と思っている、そんなときにテレビショッピングで画期的なツールを宣伝していたとします。楽々！ 簡単！ キツいことなし！ しかも今から30分以内にお申し込み頂くと……！ なんて言われたらイチコロですよね。この私でもそんな宣伝を見ると「もしかしてこれ画期的？」と一瞬思ってしまうぐらい宣伝がうまい！

さてそれらは本当に効果があるのでしょうか？

私のあらゆる情報ネットワークと学術的・科学的知識、そして20年にわたる専門家としての経験を総動員してお答えしますが、お腹に何かを塗っても、ぶるぶる震わせても、電気を流してひくひくさせても、その部分の皮下脂肪や内臓脂肪だけを効率良く落とせるものは、現時点では世の中に存在しません。もちろんそういった類いのもので本当に効果があるものに出会ったこともないですし、科学的にもそれは不可能であると言えるでしょう。

なぜそう言いきれるのか？

これまでにもお伝えしてきましたが、体脂肪は糖質と並ぶ体の中の二大エネルギー源の一つで、体を動かすこと及び生命を維持するために使われるのです。したがって、体が沢山のエネルギーを必要とする状況を作ることが体脂肪を減らす基本なのです。

例えば「塗る系」のダイエット商品に関して言えば、塗ることによってその部分の皮膚は多少熱く感じたり、ほんのり温かくなったり、ピリピリしたような感覚になると思います。でも、その成分によって皮下脂肪が燃焼するという信頼できる科学的根拠を私は見たことも聞いたこともありません。

もしあえて言うのであれば、一生懸命何度もお腹周りにクリームを塗り込んでいる、その動作がただ座っているよりもカロリーを消費するので若干脂肪が燃焼されているのかもしれませんが、だとすれば別にそんな高級なクリームでなくてもいいですよね。

また、体を自動的に震わせる類いの器具も同じです。寝ているだけ、座っているだけでお腹部分がプルプル震えているのを見ると、何だかお腹の脂肪が燃焼しているように感じるかもしれません。もしそれが本当なら、毎日皮下脂肪をつまんで自分の手でぶるぶるさせても落ちることになります。むしろその方が経済的と言えるでしょう。

「低周波」や「磁気」なども魅惑的な響きですが、それらが脂肪燃焼に効果があるという科学的根拠は一切ありません。成果が出たという体験者のコメントがありますが、確かに減ったのだと思います。しかしそれはその他の何かしらの要因が関係している、つまり撮影に合わせて食事制限や運動を併用した結果であるはずです。最近は消費者庁の監督が行き届いているためか、ちゃんとそのようなコメントの横には、「定期的な運動と食事指導を併用した結果」などと書いてあります。

売る側も分かっているのですよ！

温泉に行って痩せますか？　半身浴で痩せますか？　その答えも同じです。汗をかくこと自体はカロリーを消費します。しかし時間にもよりますが何千キロカロリーも消費するわけではないのです。横になってじっとしているのと比べれば、体を洗う動作や温泉まで行く行動によるカロリー消費で痩せるかもしれません。

先日の朝、ラジオを聴いていると、温泉大好きな女性が、「毎週末どこかの温泉に行っています。お陰で肌もピチピチだし、体重も減りました！」と言っていました。

もちろん温泉には新陳代謝を高める効果もあると思います。しかし浸かっているだけで、普通に座っているよりもみるみる皮下脂肪が溶けていくようなものではありません。体重が減ったのは、その女性が毎週末出かけることによって行動的になったからに他なりません。また毎週末温泉で裸体を披露するため「少しでも痩せて綺麗に見られたい」という意識も働いて、無意識のうちに食事をコントロールできていたのかもしれません。

しかしこう考えてみると、それらを買うこと、使うことによって痩せようという意識が高まり、食生活の改善や運動が習慣化されるのであれば、一つのきっかけ作りとしてはとても効果的なツールなのかもしれません。以前は完全に否定していたのですが、最近はそんなふうに考えるようになりました。

誤解しないで頂きたいのは、健康関連グッズ全てに効果がないというわけではないということです。それを見分ける方法をお教えします。

まずそのようなツールの宣伝を見たら必ず「疲れる類いのものか」という観点から考えてください。確実に疲れるものであればカロリーは消費するので成果はあると思います。落胆させたいわけではないのですが、「楽をして凹ます」というのは不可能だと思って頂いて間違いありません。

「キツいもの、辛いもの、嫌なもの」とネガティブに考えてしまうのも、運動経験が浅かったら当たり前だと思います。でも人間の体はやり続けたら強くなり、それが最初ほどは辛く感じなくなります。また少しでも結果が見え始めると俄然やる気も出てきます。そのときまではちょっとだけ我慢してください。

我慢と思わず楽しみと受けとめるのも手だと思います。「家に帰ったら自分の大好物のご飯が待っている。早く仕事を終わらせて帰ろう！」と思うのと同じです。我慢した先には「達成感」「凹んだお腹」「割れたお腹」が待っていますよ。

腰を回すとお腹の脂肪が落ちるのか？

これも本当に不思議なことです。ベリーダンスやフラダンスで腰を回しているのを見て、お腹周りの脂肪が燃焼しているかのような錯覚に陥るのでしょう。が、そんな不思議なことは現実には起こりません。そもそも腰は回りません。皆さんが腰と言っているのは腰椎のことだと思いますが、腰椎は屈曲・伸展・側屈動作は得意ですが、回旋動作は最も苦手とする動作です。次ページの表（腰椎の可動範囲）を見て頂いても分かるように、回旋ができるのは2度まで、腰椎の全部の回旋角度を合わせても10度程度しか回らないということです。ではなぜベリーダンサーの腰はあんなに回っているように見えるのかというと、それは股関節（胸椎も含む）が回っているのです。股関節は球関節という関節に分類され、

腰椎の可動範囲

部位	屈伸	側屈	回旋
Th12-L1	12°	8°	2°
L1-L2	12°	6°	2°
L2-L3	14°	6°	2°
L3-L4	15°	8°	2°
L4-L5	17°	6°	2°
L5-S1	20°	3°	5°

（Th-胸椎　L-腰椎　S-仙骨）

※脊柱は24個の骨が積み木のように積み重なってできています。上から頸椎が7個、胸椎が12個、腰椎が5個となっており、この表は胸椎の一番下12番から腰椎全部と腰椎の下にある仙骨の1番までの各積み木の可動できる角度を表にしたものです。文献によって若干数値に違いがあります。

骨盤（腸骨側）に臼《うす》のようなくぼみがあり、そこに大腿骨の骨頭がはまっているといった形状をしています。なのでハードルをまたぐような動作ができるのです。ベリーダンスのような腰を回す動作は、ほとんどがこの股関節の動きによるものなのです。したがって正確には「腰を回している」ではなく「股関節を回している」という表現が適当です。ということはつまり、もし万一、回しているところの脂肪が効率的に燃焼しているのであれば、股関節周りの脂肪が落ちていくはずです。

　ベリーダンサーなどのお腹がくびれていて脂肪が少ないのは、腰（股関節）を回しているからではなく、ベリーダンス自体が有酸素運動になっており、カロリーを多く消費しているからです。

私はベリーダンスを否定しているわけではありません。むしろ、ウォーキング等よりも内臓脂肪や皮下脂肪を燃焼させる効果は高くなる場合があると思っています。

なぜなら消費カロリー自体も高い上に、ダンスを覚える、仲間と一緒に踊るといった行為がウォーキングのような単調なものよりも面白く、また綺麗な衣装を着たい、もっとうまくなりたいというモチベーションが継続を促し、気づいたらお腹の脂肪はもちろん、全身の皮下脂肪も減っていた、という幾重もの成功パターンが期待できるからです。

ベリーダンスに限ったことではなく、好きなもの、はまったものであれば長続きするでしょう。また発表会等があれば達成感が得られるでしょうし、仲間もできます。一人でウォーキングやランニングをする方が気楽！という方は、もちろんその方が良いでしょう。「どちらがカロリーを多く消費するか？」ではなく、「どちらなら楽しんで続けられるか？」を基準に選んでみれば良いと思います。

何事もそうですが、とりあえずチャレンジしてみないことには、面白いのか、つまらないのか、難しいのかは分かりません。まずはトライしてみることです！

体幹トレーニング＝お腹を凹ませる??

ここ最近「体幹（コア）」が一つのブームのようになり注目を浴びています。私自身もコアを鍛えることの重要性はいち早く訴えてきていますし、今でもその重要性は高いと思っています。ただし、コアをいくら鍛えても基礎代謝量がアップするわけではありません。インナーユニットとアウターユニットで構成される体幹は、筋肉の種類は多いのですが、腹部を覆う「膜」のような構造をしているので、いくら鍛えても、大きく筋肉量が増えるわけではないのです。

基礎代謝を増やすためには大筋群を鍛える必要がある、しかも年齢とともに衰えるのはほとんどが下半身の筋肉である、というのもまた然りです。

体幹を鍛えるのも重要ですが、トレーニングをする部位（鍛える部位）としては下半身の方が優先順位は高いのです。それに、お腹を凹ませたいのであれば有酸素運動や食事制限で内臓脂肪を減らさなければなりません。つまりそれをしないでインナーユニットを鍛える、つまり体幹トレーニングをするというのは、優先順位が少し違うと思うのです。

もちろん体幹トレーニングだって、お腹を凹ませることに何も効果がないわけではありません。もし有酸素運動をして内臓脂肪を減らすことや、基礎代謝を上げるために大筋群のトレーニングをすることなどと併せて体幹トレーニングをする余裕があれば、是非やって欲しいです。そこまでの余裕がない方は、ご自身のできる範囲内で優先順位を考えて行った方が、結果的に長続きするので成果に繫がるでしょう。

とはいえ、最初から、または同時期に並行して体幹トレーニングを行うメリットも沢山あります。例えば、有酸素運動の習慣が身についてきて少し楽しくなってくると、もっと距離を伸ばしたい、もう少し速く走ってみたいなどと思うようになります。そうしたときに体幹が安定していると、より安全に、そして体に負担をかけることなくそれらを叶えていくことができます。ということはそれだけ長い間有酸素運動を続けることができるようにもなります。

また体の軸を安定させると、スポーツ動作だけではなく、生活における日常的な動作もスムーズに行えるようになります。そうなってくると、自然と活動量もさらに上がってくるでしょう（インナーユニットやアウターユニットをトレーニングすることだけが体幹トレーニングではないことを補足しておきます）。

インナーユニットが緩むと腰痛になる？　骨盤が開く？

インナーユニットの中でも、腹横筋が弱くなると、お腹が出っ張ってくるだけでなく、その他にも色々な弊害が出てきます。

インナーユニットは、内臓を支えるコルセットとしての役割も果たしており、腹横筋が弱くなってくると、腰椎を支える力が弱くなってきて、腰に負担がかかってきます。腰痛持ちの方が、コルセットがあれば「立ち仕事をする」「重い荷物を運ぶ」「長時間座る」などを無理なくできるけど、コルセットを外したらすぐに腰に負担がかかりそれらが困難になってしまうのと同じ理屈です。

腰という漢字は「体の要」と書きます。文字通り体の要なのです。腰が痛くなると自然と活動量も減るでしょう。そうなれば消費するカロリーも減りますし、体を動かさなくなれば筋肉量も落ちますので基礎代謝も下がります。当然どんどん内臓脂肪がつきお腹が出てきます。お腹が出てくれば反り腰になるので、さらに腰が痛くなります。このスパイラルにはまると、お腹を凹ませることは非常に困難になってしまいます。

それを断ち切るためには、まずは内臓脂肪を減らすために有酸素運動をする必要があります。腰が痛くて有酸素運動をするのが難しい場合は、まずは摂取カロリーをコントロールすることから始めましょう。食事を見直すことから始めてある程度お腹が凹んできて、腰痛が軽減されてきたら、ウォーキングも併用していくというのが良いでしょう。もし最初から有酸素運動を始めたいのであれば、腰に負担がかかりづらい水中ウォーキングなどの方法もあります。

そして腹横筋が弱くなる、衰えてくるとこれらの症状以外にもう一つ重大な弊害が生じることがあります。それは骨盤が広がりやすくなるということです。

腹横筋は上が肋骨に、下は骨盤の腸骨の縁についています。そして腹横筋は骨盤が広がるのを抑える働きをしています。腹横筋が弱くなるとその作用は減ってきて、骨盤が前開き気味になります。この状態のことを「アウトフレア」（次ページ・図3）と言います。骨盤は真ん中にある仙骨と左右の腸骨（象の耳みたいな2つの骨）の3つの骨で構成されていますが、この左右の腸骨が仙骨からずれることで骨盤が広がります。女性は骨盤幅が男性に比べて広いのでよりその作用が強く出やすいかもしれません。腹横筋が緩みアウトフレアになると、骨盤は内臓を入れている皿の役割をしているわけなので、腹腔に収めている、胃、小腸、大腸、肝臓、腎臓など全体で約4キロの内臓が下垂してしまいます。そうなる

図3 骨盤のアウトフレア

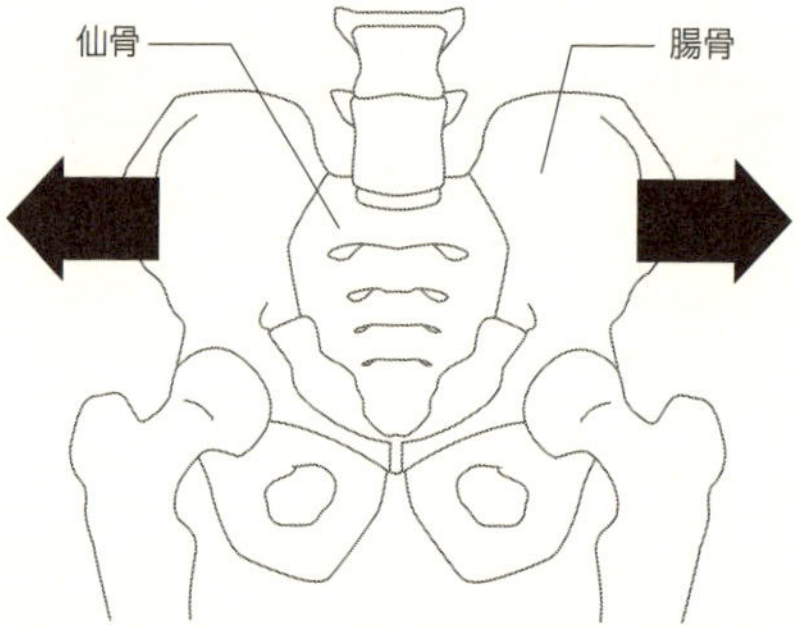

といわゆる下っ腹が出てきます。

内臓脂肪が減って腹腔の上部はだいぶすっきりしたけど、下っ腹がぽっこりという方はこのケースの可能性が高いと考えられます。またこれは主に女性に多いのですが、お腹も出てきたけど骨盤が開いてきてお尻が大きくなってきたような気がする、という方も腹横筋の衰えが進んでいることが一つの要因かもしれません。

私の中での結論は、お腹を凹ますという目的だけを考えるのであれば、お腹の中の内容物を減らす、つまり内臓脂肪を減らすことの方が先決だということです。その方がはるかに簡単で、効果も実感しやすいのですから。筋肉量が十分増えて、内臓脂肪がしっかり減って、さらに余裕のある方は体幹のトレーニングにチャレンジすれば良いと思います。

もし人間の腹腔部分が胸郭のように肋骨で覆われていたら、お腹が出てくることに悩まなくて済んだであろうに……と、つくづく思います。

お腹を凹ますトレーニングで介護予防？

実は先の14ページでお伝えした厚生労働省が２００３年から進めている国民健康づくり運動「健康日本21」という政策の「第一次計画」が「メタボリックシンドローム（内臓脂肪症候群）」だったのですが、様々なキャンペーンが功を奏し、スタート当時は2割程度だった「メタボ」という言葉の認知度は10年経って9割まで上昇しました。そこで「第二次計画」として次に出されたのが「ロコモティブ（Locomotive）シンドローム（運動器症候群）」、通称「ロコモ」です。Locomotiveとは「運動の」という意味（機関車という意味もある）で、骨や筋肉、関節など体を動かすために必要な「運動器」のことを表します。この運動器の機能の低下は加齢によって起こると思われていますが、確かに筋肉が減る要因はいくつかあり、加齢によってどうすることもできない部分もあります。加齢によって骨格筋が衰えてくることをサルコペニア（サルコが筋肉、ペニアが減少という意味）

と言い、テレビ番組などでも一時期話題にもなり耳にした方も多いと思います。そのサルコペニアの要因は以下の通りであると言われています。

●身体活動不足
●運動の減少
●慢性の炎症
●ストレスの増加
●障害
●ホルモン分泌量の変化
●インスリン抵抗性
●DNAの損傷　など

これらのうち、●ホルモン分泌量の変化、●インスリン抵抗性、●DNAの損傷は、意味は良く分からなくても何となく自分ではどうしようもない要因だということは理解できるかと思います。しかしそれ以外の、●身体活動不足、●運動の減少、●慢性の炎症、

●ストレスの増加、●障害は、自分自身で何かしら対処のできる部分なのです。「年をとったから筋肉が減ってきた」、それは決して仕方のないことではないのです。絶対にあきらめないでください。

身体活動量の低下などにより1年で約1％下肢の筋肉が減少する。36ページでも話しましたが特に下半身の筋肉量の減少が著しいことは、既にご理解頂けていると思います。

下半身の筋肉が衰えていくとどうなってしまうのかと言えば、もちろん基礎代謝は下がりますので内臓脂肪が蓄積されやすくなりお腹が出てくることになるのですが、それよりも実はもっと深刻な事態が待ち受けています。そのまま低下し続けたらいつか自立した生活ができなくなるときがやってくるのです。

歩く、立つなどの移動能力が衰え、生活の自立度が低くなる。その結果、介護が必要となってしまう。また、ロコモのためにメタボになって血管障害を併発したり、認知症を併発したりすることにもなります。

ロコモティブシンドローム、通称ロコモとは、このように「現在は自立できているが、近い将来、要介護になる危険性が高い症状を持っている状態や、既に要介護になってしまっている状態」を表す言葉なのです。

40歳以上の男女の5人に4人が〝ロコモ予備群〟!?

「要介護」「要支援」という言葉を聞いても、働き盛り世代にはまだまだ遠い先の話に思え、ピンとこないかもしれません。私もそうでした。しかし文部科学省による新体力テスト調査の結果（平成21年度）では、現代人は男女ともに40代後半から体力が低下することが判明しました。つまり〝ロコモ予防〟↓要介護化予防は40代からの対策が必要だということです。

現在、ロコモは予備群を含めると約4700万人いると言われています。これは、40歳以上の男女の5人に4人が〝ロコモ及び予備群〟と推定される人数です！

そもそもロコモ対策が考えられるようになったのは次のような理由からだと言われています。

介護保険制度が導入された2000年度、要介護（要支援）認定者数は256万人でした。しかし、2012年5月の段階で535万人と2倍以上に増えています。もちろん高齢化社会になってきていることも十分に関係していると思いますが……。文部科学省のデータによれば、535万人の介護が必要になったとされる原因は、要介護認定を受けている人の4分の1（女性は3分の1）、要支援認定を受けている人の3分の1に運動器の障害があるということです。そう言われてみると整形外科の待合室は、運動器に障害を持つ高齢者でどこも大盛況です。膝が痛い、股関節が痛い、腰が痛いなどの症状は、筋肉量が低下してしまい、関節を安定させることができなくなることによって軟骨や靭帯などに負担がかかっている場合が多いのです。一旦痛いという症状が出ると人は活動量が著しく低下します。安静にしよう、できるだけエレベーターを使おう、タクシーで移動しよう……、そうしてさらに筋肉量は低下していきます。

人間ドックなどの定期健診システムの普及や検査技術の向上と併せて、心疾患や脳血管疾患、がんなど命にかかわる病気については危機感を覚えている人が多く、予防への関心も高いと言われています。私も40歳を過ぎてから毎年人間ドックに行くようになりました。必要な検査項目全てを行うと一昔前までは1泊2日かかっていたそうですが、今では午前中だけで終了してしまいます。

しかしその一方で運動器の障害に関しては、要介護に直結する危険な障害であるにもかかわらず、それに気づいて関心を持っている人は圧倒的に少ないのが現状です。こうした状況に危機を感じた日本整形外科学会が、「多くの人にその危機的状況を知ってもらうためには新しい言葉が必要だ」と考え、２００７年に「ロコモティブシンドローム」という言葉を作って発表したのです。

少し矛盾しているように思われるかもしれませんが、これだけの人達がロコモ及び予備群とされる背景には、実は医学の発展が大きく起因していると言われています。それはどういうことかというと、ここ数十年の医学の飛躍的な進歩によって大幅に延びた寿命に、運動器が追いついていけていないのだそうです。平均寿命が60歳前後だった頃には運動器が衰えてくるのとほぼ同時に寿命がきていたと考えられます。現代の平均寿命は80歳を超えています。私達40代が80歳になる頃には、もしかしたら平均寿命は100歳を超えているかもしれません。さらなる進歩を医学は続けていくのでしょうから、そうあり得ない話ではないと思います。

その一方で医学以外の面でも世の中、社会はもっともっと便利になっていくはずです。人は楽をすること、便利なものが大好きです。もちろん私もその一人です。でもそんな楽な社会、肉体的負担の少ない社会が進めば進むほど、それとは逆行して運動器はどんどん衰えていくことでしょう。60歳、いや、世の中が今以上に便利になれば、もっと早くから運動器が衰えて介護が必要になるかもしれません。そうしたら人生の半分以上、40年、50年も介護されながら生きていくことにだってなりかねません。

以下のような症状を感じていませんか？

●筋力低下（最近脚が細くなってきた）
●バランス能力低下（よく転ぶ、つまずくようになった）
●運動器の痛み（膝や股関節、腰が痛い）

一つでも当てはまるものがあれば、もう既にロコモの入り口に片足を突っ込んでいるかもしれません。

お腹が出てきたことだけに目を向けるのではなく、これらの症状にも目を向けてみてください。でも大丈夫です。その対策は両方ともに「下半身の筋肉を増やすこと」なのですから！　第3章の下半身のトレーニングはちょっとキツいですが、これらのメリットを考えればきっと頑張れますよね？

自分はロコモの可能性があるのか？　不安に思う方は日本整形外科学会から71ページの図4のような「ロコモ度テスト」が出されていますのでやってみてください。

日経トレンディネットの「トレンド・フォーカス」でとても興味深い記事を発見しました。

働き盛り世代がロコモへの理解を深めることのメリットは、ほかにもある。まさに「ロコモ世代」まっただ中である「親」の予防ケアができることだ。都会で働き、地方にいる年老いた両親と離れて暮らしている人も多い。遠く離れた老親が、介護が必要な体になることの不安は大きいだろう。そこで高齢者が継続してロコモ予防トレーニングを行うために、同居していない家族が電話を使ってサポートする「ロコモコール」という方法を実践している自治体もある。山形県天童市ではひとり暮らしの高齢者宅に電話をかけ、その場で毎日ロコトレを行ってもらうという取り組みを行ったところ、運動機能向上の効果があったとのこと。「親に電話をしても特に話題がない」という人も、ロコトレをサポートすることでコミュニケーションにもなり、一石二鳥かもしれない。

（2012年10月11日付「日経トレンディネット」より）

なるほど。こういった取り組みが実践されれば明らかに効果はあるでしょう。私もそう

図4「ロコモ度テスト」とその基準値

◎立ち上がりテスト

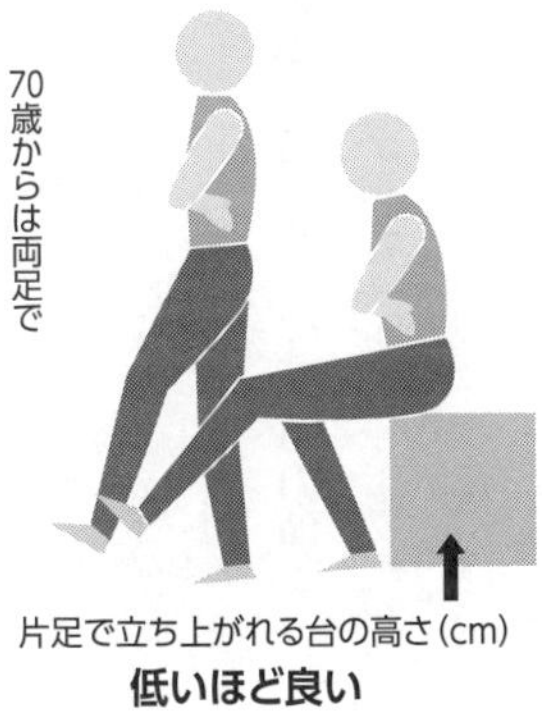

年齢層	男性	女性
20～29歳	20cm	30cm
30～39歳	30cm	40cm
40～49歳	40cm	40cm
50～59歳	40cm	40cm
60～69歳	40cm	40cm
70歳～	10cm	10cm

◎2ステップテスト

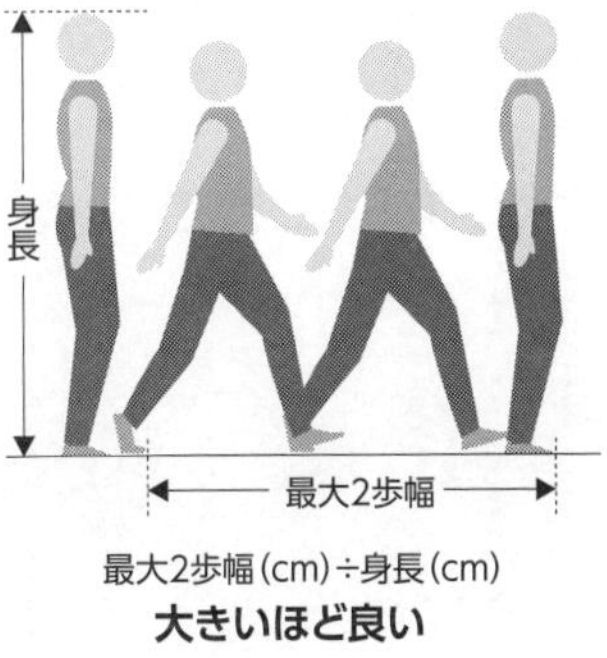

年齢層	男性	女性
20～29歳	1.64～1.73	1.56～1.68
30～39歳	1.61～1.68	1.51～1.58
40～49歳	1.54～1.62	1.49～1.57
50～59歳	1.56～1.61	1.48～1.55
60～69歳	1.53～1.58	1.45～1.52
70歳～	1.42～1.52	1.36～1.48

出典：日本整形外科学会

ですが、忙しさにかまけて、また親元を長く離れると共通の話題がなくなってくるので電話をするのがつい億劫になってきてしまいます。ショートメールで「今日はロコトレやった？」のメールを送るだけでも始めてみると良いと思います。

喫煙はお腹を出やすくするのか？

ここまでお腹が出るメカニズムについて色々な観点から説明してきましたが、一番伝えたかったことは「内臓脂肪」がお腹の出ている最大の要因であるということです。そして摂取カロリーを控えて、有酸素運動をすれば内臓脂肪は減っていきます。が、しかし、せっかく有酸素運動を頑張っても摂取カロリーが多いままだと堂々巡りになってしまい、中中成果を出すことが叶わない、というのもよくあるパターンです（摂取カロリーをコントロールする方法は第４章で説明します）。

摂取カロリーをコントロールできないということ以外に、実は「喫煙」が内臓脂肪を減らすことを阻害する一つの要因であるということが、近年分かってきました。とはいえここで私が急に喫煙の危険性を訴えて、無理やり「禁煙しましょう！」と言ったところで、禁煙しようという心の準備ができていない状態であれば難しいと思いますし、「禁煙しなければ痩せません」などと言うつもりもありません。

ですがもしあなたにちょっとだけ心の準備ができており、「禁煙したらこのお腹も少しは凹むかな？」という些細な期待を抱いているのであれば、それに対して私がちょっとだけ後押しできるので説明させて頂きたいと思います。ここからはそんな心の準備ができている方だけ読んでください（笑）。

喫煙の弊害は多々ありますが、そのうちの一つとして、タバコを吸うとアディポネクチンという物質の血中濃度が下がってしまい、それが肥満に関与しているということが分かっています。このアディポネクチンとは何か、ということから簡単に説明していきます。

「アディポ」というのは実は脂肪という意味で、「ネクチン」というのは色々なところにベタベタ引っつくというような意味を表しています。学術的には脂肪細胞から分泌される分泌タンパク質であり、1996年に論文として発表されるまでは知られていなかったものです。このタンパク質は、肥満を筆頭に、糖尿病や脂質異常、高血圧、炎症、動脈硬化性疾患、がんなどメタボリックシンドローム関連の病気を含め、現代において課題となっているあらゆる病気に対して防衛的に働いていると考えられています。簡単に言えば、それらを抑え込んで予防してくれていると言われているのです（詳細はまだ研究段階です）。

ところが、喫煙がこのアディポネクチンの血中濃度を下げるということが近年判明したのです。ということは、肥満はもちろん、先に挙げた様々な病気が起こりやすくなるかもしれないということです。

また、禁煙すると摂取カロリーが増えるということも言われています。実際に禁煙に成功した方々の話を聞いていると、一時的に増えてしまう方もいますが、ほとんどの方は徐徐に適応していっているようです。喫煙をすることが生活の習慣になっていただけのことで、その習慣が「タバコのない習慣」に変わるのは、時間が解決してくれるようです。

また最近では禁煙外来で薬によって禁煙できる時代になっています。その成功率はとても高く、私の周りに限った場合ですが、禁煙薬を使っての禁煙成功率は100%です。

第2章

腹筋の構造と筋トレの原則

まずは腹筋群の構造を知る

皆さんがよく行う最も一般的な腹筋運動は図5のようなシットアップと呼ばれるものだと思います。学生時代に先輩に足を押さえられて何百回もやらされた記憶のある方も多いことでしょう。このシットアップはどの筋肉を鍛えているのでしょうか？

まず理解して頂きたいのが、34ページでも説明しましたが、腹筋という筋肉名は存在しないということです。正式には、①腹直筋　②外腹斜筋　③内腹斜筋　④腹横筋、これらを総称して腹筋群と言い、通常、腹筋という俗称で呼ばれています。

そして皆さん良くご存知のシットアップは主に①の腹直筋のトレーニングです。

ではそれぞれの筋肉がどのように、どのような方向で、どの位置についているのかをまずは見ていきましょう。それがきちんと

図5 シットアップ

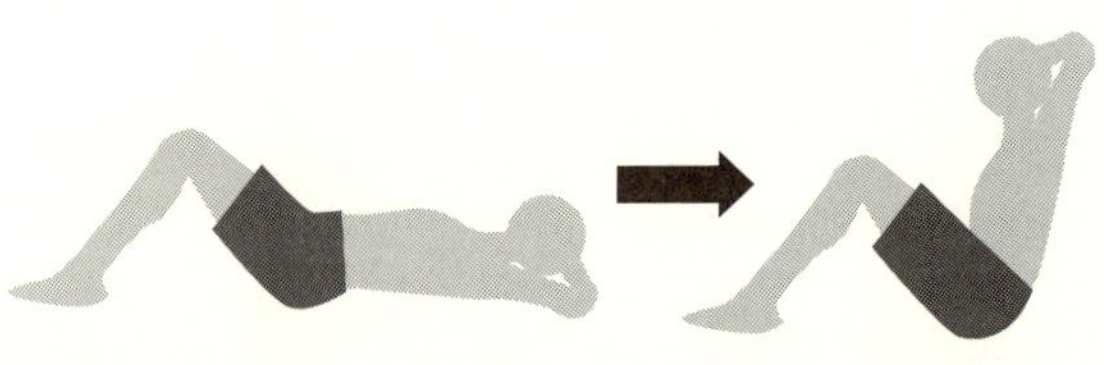

図6 腹直筋

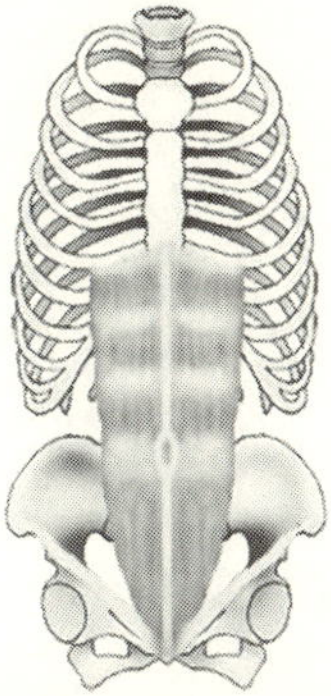

肋骨の下部から恥骨にかけて伸びる一対の筋肉。左右両側の腹直筋が働くことで腰椎が屈曲し、肋骨と恥骨の距離が縮まる。左、あるいは右だけが働くと腰椎が左右に側屈する。

図7 外腹斜筋

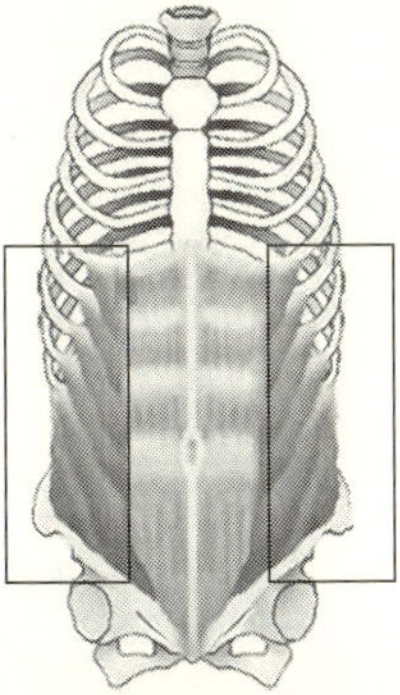

肋骨上部から腸骨に伸びる筋肉。腰椎を屈曲させるときに腹直筋に協力する。また腰部が左回旋する場合には右側の外腹斜筋が強く収縮し、同じく右回旋では左側が強く収縮する。

図8 内腹斜筋

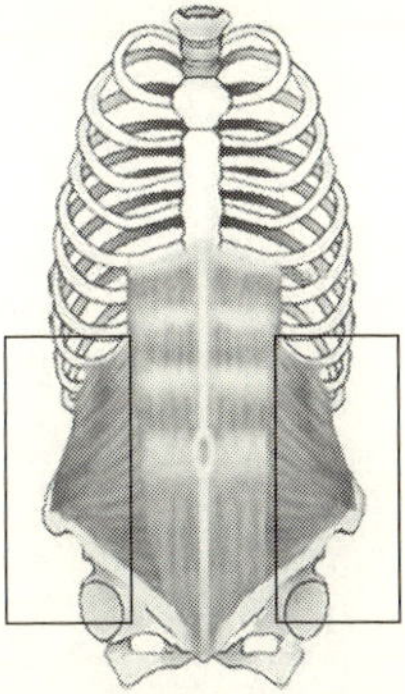

外腹斜筋の深層にあり、外腹斜筋と直交するように筋線維が伸びている筋肉。腰椎を屈曲させるとき腹直筋に協力する。回旋時には外腹斜筋と逆側の内腹斜筋が強く収縮する。

図9 腹横筋

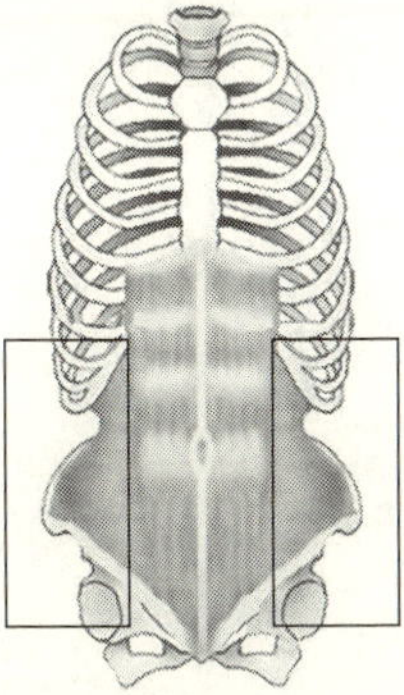

腹筋群の中で最も深層にある筋肉で、腹直筋と直交するように筋線維が伸びている。腹壁を内側へ押し込み、呼吸を助ける。腹部をコルセットのように固める役割も持つ。

図10 腹部断面

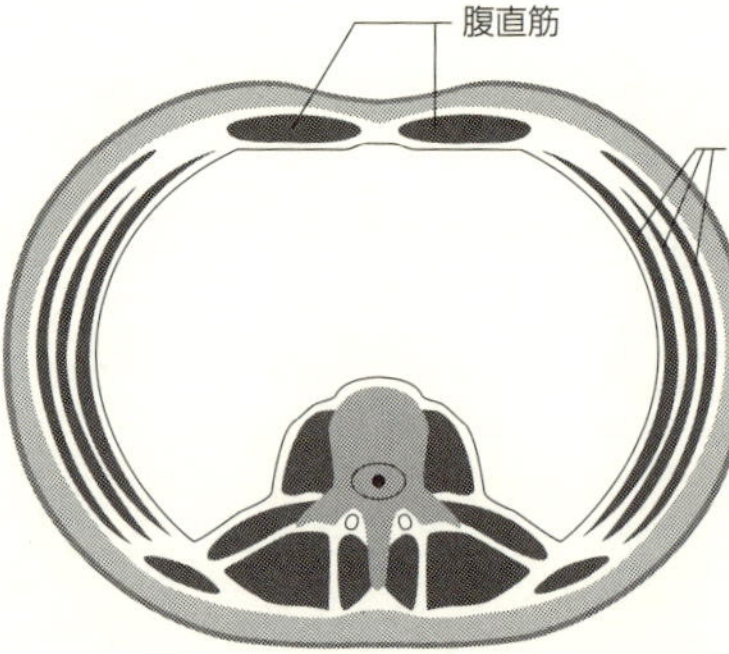

出典：『身体運動の機能解剖』(医道の日本社)

理解できると、それぞれの筋肉の役割や鍛え方が分かってきます。腹筋を鍛えてもお腹は凹まないと今まで再三書いてきましたが、それは通常の腹筋運動、つまりシットアップで腹直筋のみを鍛えた場合の話で、実は、お腹を凹ませるために大きく関与している筋肉が、この腹筋群の中に存在します。

どの筋肉がお腹を凹ませることに関与しているのか？　ということをまずは頭で理解していきましょう。そうすることが効率の良いトレーニングに繋がります。

腹直筋の構造を理解する

腹直筋は、肋骨の下部から恥骨にかけて伸びている筋肉です。腹部断面の図10を見てもらっても分かるように、４つの筋肉の中で最も表層にある筋肉です。

腹直筋の主な役割は、体を前に倒すときに縮むことと、後ろに倒す（反る）ときに反りすぎないようにブレーキをかけることです。例えば、朝布団から起き上がるとき、スポーツで言えばテニスのサーブのときなどに使われます。テニスのサーブは捻りも加わるので腹斜筋群も同時に使います。錦織圭選手がこの筋肉の肉離れを起こしたことでも有名です。あれだけ強いサーブを放つときには相当体を後ろに反らしますから倒れすぎないようにストップをかけ、そしてもの凄い力で体を前に捻りながら折るようにしてボールを打つ必要があります。相当強靭な腹直筋や腹斜筋群が必要でしょう。

また腹斜筋群は腹直筋から左右に分かれているため、体を左に側屈（横に曲げること）するときは左側だけが縮み、左に曲げたところから元に戻るときに今度は右側が縮みます。

腹直筋に限らず、筋力トレーニングの基本は筋肉の起始部と停止部を近づけて縮めるときに負荷を加えることです。起始部・停止部とは筋肉の両端のことで、筋肉の両端はそれぞれ骨に付着しています。腹直筋の場合は肋骨に付着している側が起始部、恥骨側が停止部です（77ページ・図6参照）。なので肋骨と恥骨を近づけることで、腹直筋は縮みます。そのときに重力という負荷を加えるのが、シットアップの動作というわけです。

外腹斜筋の構造を理解する

外腹斜筋は腹直筋の一つ下（内側）、そして腹直筋のすぐ横にある筋肉で、腹直筋が体の屈曲・伸展（前に倒したり、起こしたりする動作）といった働きをするのをサポートする役割を果たしています。腹直筋が床に対してほぼ垂直に伸びているのに対し、外腹斜筋は縦にやや斜めになって伸びており、腹直筋が動くときに連動します。イメージで言うと、シットアップのときに腹直筋にちょっとだけ力を貸してあげているといったところです。斜めに走っているので例えば左側が収縮すると体は右に回旋します。体を捻りながら行うシットアップの一種、ツイスティングシットアップなどで、この筋肉はトレーニングすることができます。腹部の横、脇腹から斜めに筋肉のラインが出ているのを見たことがある方もいるでしょう。それはこの筋肉の発達によるものです。

内腹斜筋の構造を理解する

内腹斜筋は外腹斜筋よりも深層にあり、外腹斜筋とは直交するように筋線維が伸びています。体が回旋するときは外腹斜筋と内腹斜筋、両方の腹斜筋群が働いています。

例えば体を左に回旋するときは左の外腹斜筋と右の内腹斜筋に力が入ることによって左

に回旋できます。前ページで述べたツイスティングシットアップにはこの左右の腹斜筋群の働きも大きく関与しています。内腹斜筋は外腹斜筋よりも深層にあるので、残念ながら鍛えたことによって外腹斜筋のようにすじばってくるなどの変化が見えないのが特徴ですが、表層側にある外腹斜筋と腹直筋の動きに協力し、それらの筋肉の発達を陰からサポートしているのです。

テニスや野球などにおいて、利き手の関係で片方の回旋動作が中心になると、この筋肉のバランスや筋力は左右非均等になるのが通常です。しかしそれでも体の軸が崩れないのは、次に紹介する、その下にあるインナーマッスルに属する腹横筋があるからです。

腹横筋の構造を理解する

まず、皆さんは腹横筋という筋肉をご存知でしょうか。私の経験上一般の方でこの筋肉の名前を知っている方はかなりのトレーニング通かと思います。

私がトレーナーになるための勉強をしていた20年以上前は、実はこの筋肉名は出てきませんでした。当時は初めて聞く筋肉名を覚えるのに必死（正確には単位を取るために）だったので間違いないと思います。ここ最近できた筋肉でもなければ、ここ最近発見された筋肉でもないはずなのになぜ学生時代には勉強しなかったのだろう、腹横筋は間違いなく存在していたはずなのに……。もし私が医師を目指していたのであれば、当時でも勉強していたのかもしれません。しかし当時はトレーナーとしてやっていく上で特に覚える必要のない筋肉という認識があったのでしょう。体作りの観点から、またスポーツパフォーマンスアップという観点からも、この腹横筋の重要性が注目されるようになったのは、コアトレーニングとかインナーマッスルなどと言われ始めた時期と同じ十数年前ぐらいからだと思います。

実はこの腹横筋が、お腹を凹ませるのに重要な役割を果たします。

腹横筋は4つの腹筋群の中で最も深層にある筋肉で、肋骨から骨盤にかけて腹直筋と直交するようについており、主に咳や呼吸をすることに関与します。コルセットと同じような形状、構造をしています。この腹横筋の筋力が増せば、コルセットを締めるのと同じように、お腹が締めつけられて凹みます。

次ページの図11をご覧頂くと分かるように、皆さんのお腹が出てくるのには、人間の肋骨と骨盤の間が空洞になっていることが非常に大きな一因を担っています。その空洞部分に皆さんご存知の一通りの内臓が入っていて、さらにその内臓の隙間を縫って内臓脂肪が

図11 腹腔と腹圧

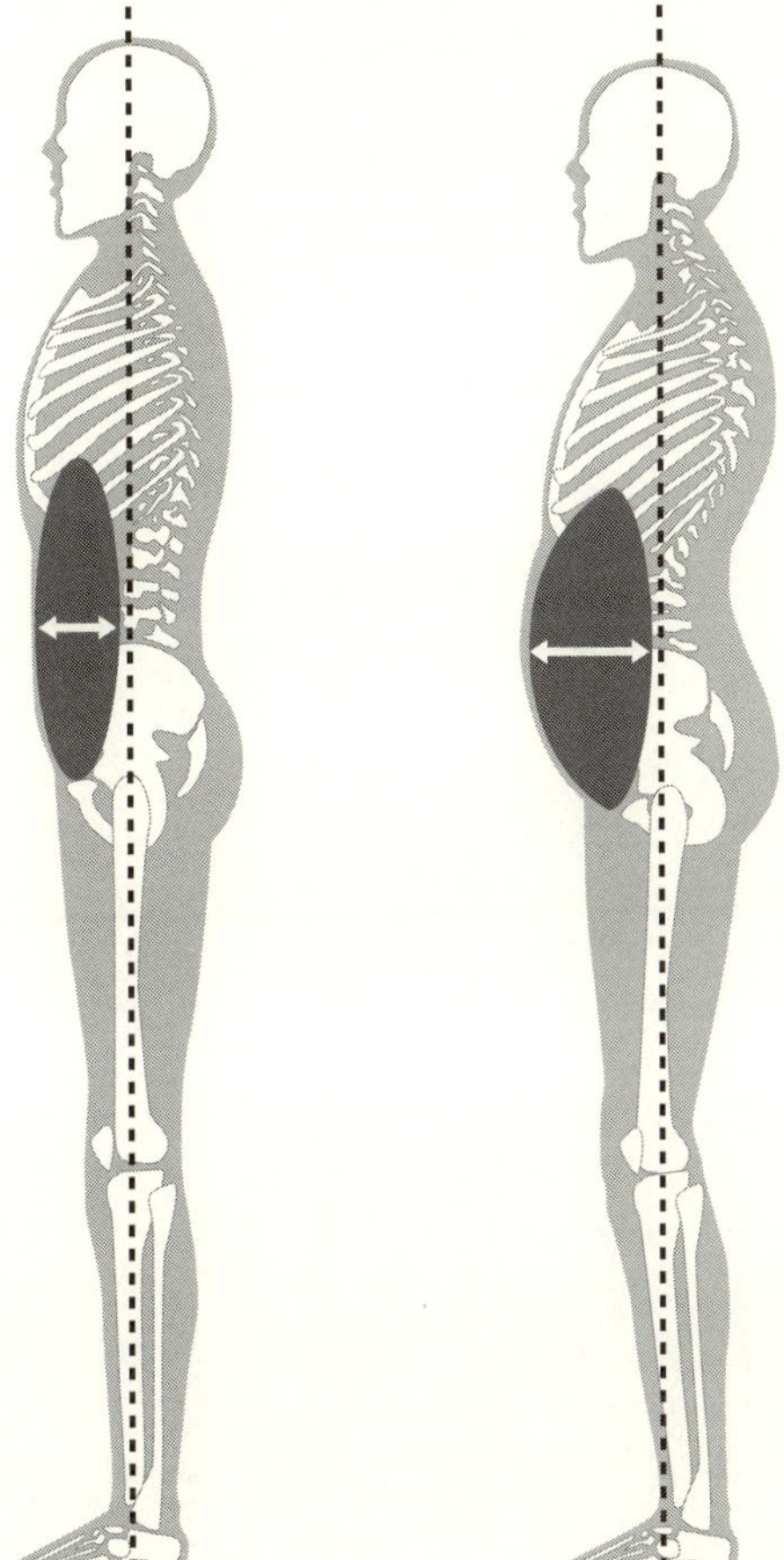

増えてくれれば、お腹は当然前にせり出してきます。どんなに腹横筋を鍛えても内臓脂肪の量が過剰であればそれを抑え込むことは不可能なので、一番重要なのは内容物である（内臓は減らせないので）内臓脂肪を減らすことですが、加えて腹横筋をちょっと鍛えてあげれば、コルセットが締まるようにお腹を凹ませてくれるのです。

何度も説明してきましたが、下肢を中心とした全身の筋肉量を増やし基礎代謝を上げて、そして有酸素運動をすると内臓脂肪が減ってくる、そうしたら腹横筋をちょっと鍛えてあげるとさらにお腹が凹むのです。お腹を凹ませるために鍛えるべきは、腹直筋ではないことがご理解頂けたかと思います。

ではお腹を凹ませるには腹横筋だけを鍛えればいいのか？　実はそう簡単な話ではないのです。

この一般的には腹腔と言われるお腹の空洞部分は、肺の下にある横隔膜・背骨（腰痛を感じる部分）の多裂筋・骨盤の下にある骨盤底筋群・腹横筋、この4つの筋肉で構成されています。それらを総称して私達トレーナーは「インナーユニット（またはコアユニットとも言います）」と呼んでいます。次ページの図12をご覧頂ければ、上下左右の筋肉で一つの箱のような空洞部分が形成されているのがお分かりになると思います。

図12 インナーユニット

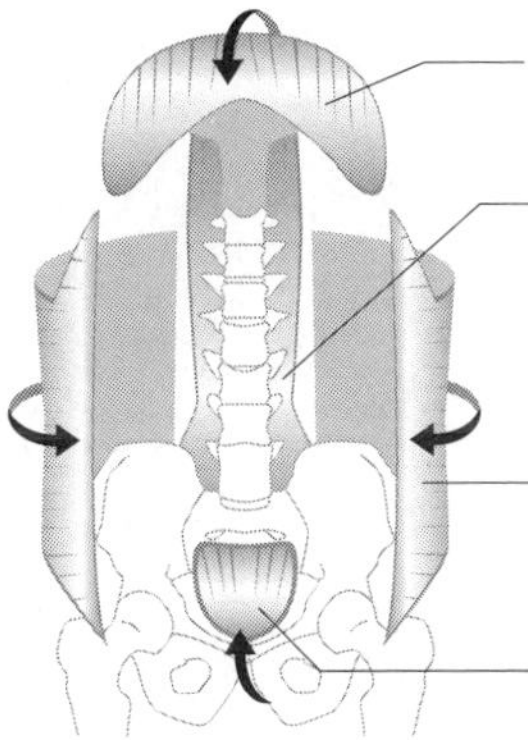

腹横筋はこのユニットの最も重要な外側部分にあります。ちなみにこのインナーユニットを構成する4つの筋肉は、筋肉同士でくっついているわけではなく、筋膜を介して緩やかにユニット化されています。

このユニットを強化・安定させることでお腹が凹むだけでなく、体のバランスが整い、軸が安定すると考えられ、スポーツ動作の習得やパフォーマンスアップ、さらには腰痛予防、歪み改善などにも有効で、いわゆるコアトレーニングとして、近年脚光を浴びてきました。

しかしこれらの4つの筋肉は、いわゆるインナーマッスルに分類される部分で、とても小さい、そして薄い膜のような形状をしているため、しっかりと固定し安定させることは中々できま

図13 アウターユニット

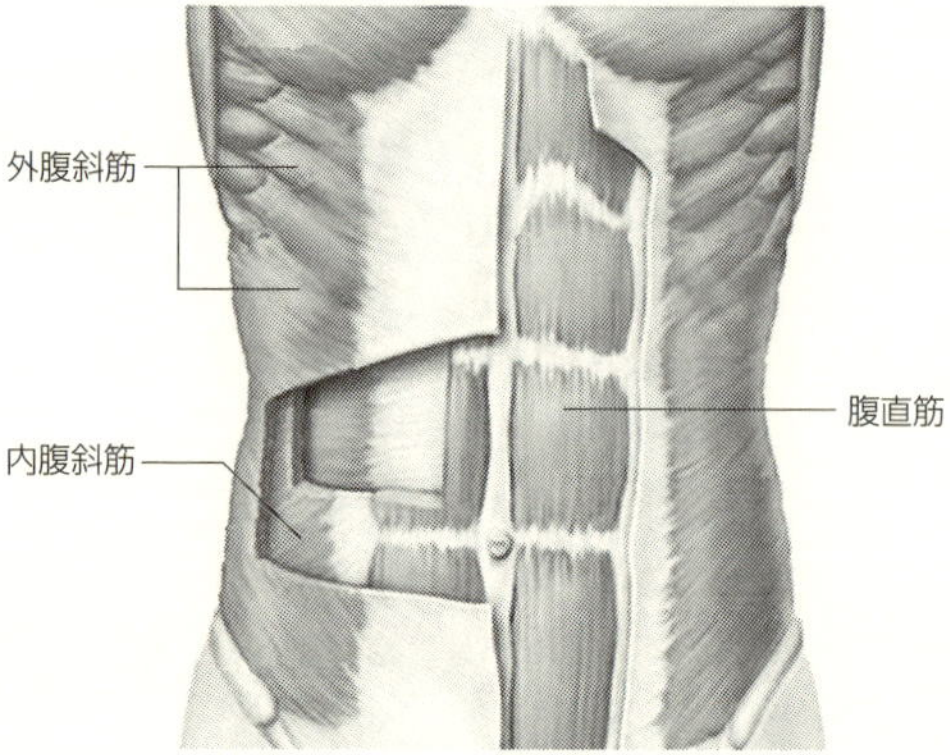

せん。紙で作った箱のようなイメージです。

ではどうすれば良いのかというと、それを外側からサイズの比較的大きい筋肉（アウターマッスル）で、紙の箱に粘土をつけるようなイメージで保護してあげると、その箱はより安定度が増します。腹斜筋群（内腹斜筋・外腹斜筋）と腹直筋、これら3つのアウターマッスルを「アウターユニット」（図13）と呼びます。

筋肉の力でお腹を凹ませる作用を高めるためには、腹横筋を中心としたインナーユニットの強化だけでなく、アウターユニットの強化もサポートとして必要になってくるのです。インナーユニットだけでもだめ、アウターユニットだけでももちろんだめ、両方を鍛えてあげる必要があるのです。腹直筋だけを鍛えるシットアップだけやっていても、お腹が中々凹まない理由はここにあります。

腹直筋を鍛えるとお腹は割れるのか？ 割る方法は？

シットアップを頑張って腹直筋を鍛えても、お腹は凹まないことは十分お分かり頂けたと思いますが、では凹まなかったとしても「腹筋を割る」ことはできるのでしょうか？

答えは……「皮下脂肪が落ちていれば可能です」。

簡単に説明していきましょう。既に何度か説明していますが、腹直筋は肋骨から恥骨まで伸びており、腹腔の空洞部分の上を介して伸びています（次ページ・図14）。

この領域には骨がないので、腕や脚の筋肉のように多くの部分を骨に付着させて筋の張力を高めるということができない分、腱様の結合組織で連結して支持されている、というしくみになっています。

その部位は「腱画《けんかく》」と呼ばれ、腹直筋が割れている人ではその体表部分に横の線となって現れます。また肋骨の剣状突起（肋骨の中央部あたり）からへそを通り恥骨と垂直に走行している結合組織が「白線」です。これは腹直筋が割れている人の縦の線を作っているものです。白線がセンターを縦に区切り、腱画が横の区切りをつけて片側3個、両側で6

図14 腹直筋

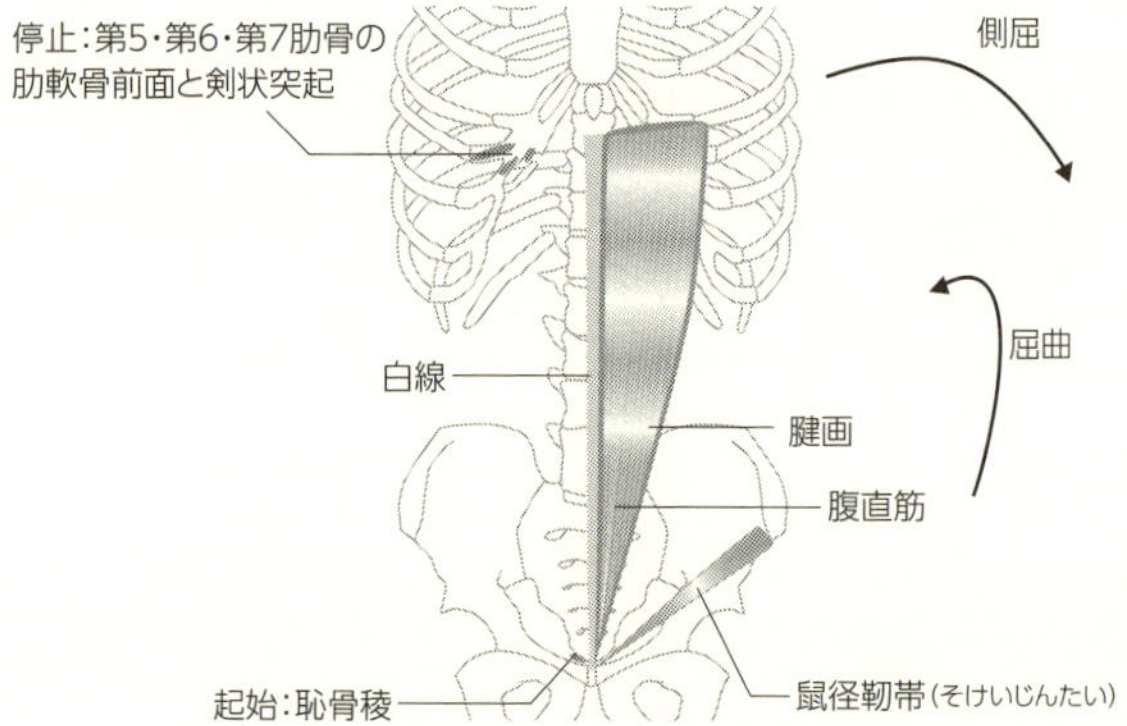

個のくぼみを形成し、これがいわゆる6パックと言われる部位にあたります。

腹直筋の厚さは平均して約1センチ程度で、皮下脂肪の少ない、比較的痩せている人であれば、このくぼみは特にトレーニングしなくても見えています。若い男性アイドルのお腹が割れているのは決死のトレーニングの賜、というわけではなく、皮下脂肪が少ないがために、自然とこの腱画と白線が見えているだけのことです。ある程度まで痩せれば誰でもお腹は割れるのです。

平均は1センチというこの厚さも、トレーニング次第で2〜2・5センチぐらいまで厚くなります。そうなると腱画でキルティングされたように凸凹が生まれ、お腹がより割れて見えてくるようになります。

しかし腱画で区切られている形状であるが故に、腕や脚、胸などの筋肉と違って、どれだけ鍛えても極めて限られた範囲内でしか筋肉は肥大しません。ボディビルダーの体を思い浮かべてみてください。彼らの体でさえ、胸や腕、脚の筋肉ほど腹直筋は肥大していないですよね。ただ凸凹が強調されているだけです。

他の筋肉のように周囲径が大きくなるような肥大の仕方はしないけれど、鍛えれば鍛える程キルティングの凸凹が強調され、併せてその上に載っている皮下脂肪を極限まで減らすことをすれば、綺麗な6パックはでき上がります。

ただし、6パックには、残念ながら腹横筋のようにお腹を凹ませる作用はないということはどうか忘れないでください。

このことをある意味裏づけるような出来事が以前ありました。

一時期仕事で通っていたとあるスポーツクラブでのことです。そのクラブは比較的ボディビルダーの方が多くいらしており、彼らのプロフェッショナルなトレーニング方法や体の作り方、食事の仕方などに触れることができる機会がありました。

彼らは大会に合わせて、体を大きくする時期と絞る時期と、大きく2つの段階に分けて体作りをしています。体を大きくする時期は食べる量が格段に増えます。当然内臓脂肪もついてきます。したがってその時期の彼らのお腹は、少しポッコリ出ているけれど腹筋が割れているという状態になります。これは不思議なことではなく、理論的にもごく当たり前の現象です。

男性なので皮下脂肪の割合が少なくそもそも腱画が見えやすい状態であるところに、トレーニングで腹直筋は2センチ以上にまで厚くなっているのですから、当然腹筋はバキバキに割れています。その状態で体を大きくするのに必要なタンパク質などを十分補えるだけの、多量の食事を摂取した場合、脂質を過剰に摂りすぎてしまうことになり、その分は23ページのマウスの実験の話の通り、主に内臓脂肪として蓄積されます。

皮下脂肪はあまり増えないわけですから、腹筋のバキバキ具合はそのままです。そして内臓脂肪が増えたにもかかわらず、それらを押さえる働きのあるインナーユニットは特に強化しないから簡単にお腹が出てしまうのです（ボディビルディングするときはより表層の筋肉を発達させることを主に目指します。なぜならインナーユニットを鍛えてもコンテストで見せられないため、ボディビルディングにはあまり有効ではないからです）。

しかしそれでも絞る時期がくると、適切な有酸素運動や食事制限により、あっという間に内臓脂肪を減らしお腹を凹ませます。

「内臓脂肪がなくなっても、インナーユニットが弱いままだったら下っ腹はポッコリ出てきちゃうんじゃないの？」賢い読者の方はそうお気づきになるかもしれません。

ですがボディビルダーの場合、インナーユニットを補助するアウターユニットである腹斜筋群（内腹斜筋・外腹斜筋）を相当鍛えているため、内臓脂肪がほとんどない状況下であれば、それで十分補うことができるのです。

どうでしたか？　腹筋運動（シットアップ）でお腹は凹まないことが、イメージしやすくなったのではないでしょうか。

過負荷の原則「速筋線維」と「遅筋線維」

筋肉を隆起、つまり肥大させるためには筋力トレーニングで速筋線維を刺激しなければなりません。速筋線維？　なんか速そうですよね（笑）。筋肉は「速筋線維」と「遅筋線維」という、主に2種類の線維から成り立っています。速筋線維とはその名前から想像がつくように、長時間動かし続けることは苦手だけれどその分大きな力を瞬発的に出すことができる線維で、肥大しやすいという性質があります。ウサイン・ボルト選手のような、陸上の100メートル走の選手を想像してください。その反面遅筋線維は、文字通り大きな力を出すのが苦手ですが、長時間動いてくれます。肥大しづらいのでそこを鍛えていくと、マラソン選手のようなスレンダーな体になります。それぞれの特性によって働きや形状が違うのです。腹筋を肥大させ隆起させたいのであれば、速筋線維を鍛えるために、せいぜい10回がやっとというくらいの高強度の腹筋運動でなければ効果はないということです。ちょっと大変そうですね。このやり方も第3章で紹介しますので、後程ご参照ください。

お腹を凹ませたい、エグザイルのメンバーのような割れたお腹を手に入れたいと思い、
●摂取カロリーをあまり減らさないで、
●筋肉量を増やして基礎代謝を上げようともせず、
●内臓脂肪を減らす有酸素運動もしない、
●でも毎日腹筋運動を100回やっている
という皆さん、もうお分かりですよね!?

100回もやっていれば一種の有酸素運動にはなっているので（といっても有酸素運動としては相当な短時間ですが）、ごくわずかな内臓脂肪の燃焼には役立っているかもしれませんが、そのような低負荷では速筋線維ではなく遅筋線維を刺激してしまっているので、有酸素運動の効果、腹直筋を隆起させる効果、どちらの側面から見ても中途半端でかなり効率の悪い運動を行っていることを分かって頂けると思います。

腹筋を割るために腹筋運動をするのは、お腹が凹んできたのが実感できてからでも遅くはないと思います。理論的にもそうですし、私が長年現場で色々な方を見てきた、率直な感想でもあります。

お腹が凹んできたことが見た目でも実感できてくると、人は益々やる気になります。もしかしたら自分もあのバキバキのお腹が手に入るのではという、「できるかも？　という見込み感」が高まったところで、高負荷の腹筋運動を始めても十分に間に合いますし、その方が成功しているパターンが多いように感じます。

男性は女性に比べ、最初から意気込みすぎてしまい挫折してしまうケースが多いように思います。私はクライアントの皆さんに必ず次のように伝えることにしています。「短い期間で作った体はすぐに元に戻りますよ。長い期間かけて作った体は長い期間維持できるんです！」と。

短い期間でぎゅっと詰め込んで、追い詰めてやると、その運動や食事方法が一時のイベントと化してしまい、生活習慣、つまり生活の一部になりません。イベントはすぐに終了してしまい元に戻ってしまいます。時間をかければかけるほど運動や食生活のパターンは習慣化されていき、生活の一部になっていきます。そうなると体型はずっと維持できるのです。

まずはご自身に合ったレベルや期間で、①下半身を中心とした筋肉量をアップさせる、②有酸素運動をする、③摂取カロリーをコントロールする、この3ステップを習慣化させることが先決というわけです。それから腹筋運動を始めても十分に腹直筋を隆起させることはできるのです。

筋トレには原則がある

さて第1章から再三にわたり、基礎代謝と、有酸素運動をするときの脂肪燃焼量を上げるためには、体全体の筋肉量を増やすことが重要だと説明してきました。

筋肉量が少ない人が有酸素運動を頑張っても中々成果として見えるのに時間がかかって

しまいます。ここからはその具体的な方法を解説していきます。

その前に、最後にもう少しだけ理論におつきあいください。

筋肉量を増やすにはいくつかの原則があります。これらは私達トレーナーが必ず最初に勉強する、とても基礎的なことです。

これらの原則を守ることが筋肉量を増やすためには必須であり、もし守らなければ筋肉量を増やすことは非常に困難になるでしょう。いくつかの原則の中から最も重要である3つのポイントを説明します。

●過負荷の原則
●漸進性の原則
●継続性の原則

①過負荷の原則

「過負荷の原則」は、普段与えている刺激よりも強い刺激を与えないと筋肉は増強されないという原則です。つまり、毎日2キロのバッグを持っているのに、500グラムのダンベルを持ってトレーニングしても筋肉は増強されないわけです。

また同じ理屈で、私達は日常生活の中で既に歩くという動作を存分に行っているので、ウォーキング程度の運動で下半身の筋肉は増強されません。ランニングに関しても同様で、毎日5キロ走っている人が、今日5キロ走ったところで筋肉は増強されません。言われてみれば当たり前のように思われるかもしれませんが、自己流でトレーニングしている方は、この原則を守れていないケースが非常に多いのです。

スポーツクラブにいるとそのような方を良く見かけます。例えば、先程も少し触れたダンベルを使ったトレーニングのケースです。二の腕を引き締めたいという女性が二の腕を太くしたくないからといって、500グラムのダンベルで二の腕のトレーニングをしている、でもジムから帰るときのスポーツバッグの重さは2キロある、などといったケースの場合、トレーニングの効果は全く期待できないでしょう。

普段与えていない刺激よりも強い刺激を与えるということは、それだけ辛いということです。自分に甘くなってしまうと「軽いもの・弱いもの」で済ませてしまいがちです。ある意味当然と言えますが、それでは筋肉は増えません。

基礎代謝を上げるために最も鍛えるべき部位は下半身であることは何度も説明してきま

した。しかしこの下半身の筋トレこそ過負荷の原則が守られていないケースのオンパレードです。

その理由は明確で、下半身は上半身の重さを全て支えており、上半身よりもはるかに下半身の方が大きな力を発揮できるため、かなりの刺激を与えないと増強されないのですが、その「かなり」というのが、初めて下半身の筋トレをする方にとっては想像以上にキツいものであることが多いのです。

下半身のトレーニングは辛いものです。だから甘くなりがちです。しかしそれでは筋肉は増えません。とはいえ、慣れてくれば初めほどのキツさは感じなくなりますので、どうかご安心ください！

皆さんはオフィスや自宅、駅などで階段を使っていますか？　また平均して何階ぐらいまでは階段を使って上ることができますか？　筋力には個人差があるので一概には言えませんが、多分4、5階ぐらいまでは上れるのではないでしょうか。駅の階段にしても、20段ぐらいは上れますよね。だとしたら皆さんご存知の、下半身の代表的な筋トレであるスクワットでは筋肉は増強されません。基本的なスクワットとは、両脚の膝の軽めの曲げ伸ばしを繰り返す、皆さん良くご存知のあれです。

毎日駅の階段を20段上っている方は、片脚で体重を持ち上げる（膝の曲げ伸ばし）動作を、それぞれの脚で10回ずつ行っているということです。もちろん膝の角度にもよりますが、その方がスクワットを毎日10回行ったところで、まず何か変化が起こるということはないでしょう。

しかし階段を上ることが困難になっているくらいの低筋力の方であれば、当然効果はあります。第3章で紹介する筋力トレーニングの種目は、強度の低いものから順番に並べておきます。その中からご自身に合った、適切な強度のものを探してみてください。正しいフォーム、正しいスピードで指定された回数の倍以上こなせてしまうようであれば、その種目では効果がありません。もう一つ強度の高いものにチャレンジしてください。筋肉が増強されればその種目も楽になるときがきます。そしたらまたもう一つ強度を上げてみてください。

②漸進性の原則

このように急に強度を上げず、徐々に上げていくことを漸進性の原則と言います。

最初はやる気満々の上、学生時代はこんな筋トレは簡単にできたはずという曖昧な記憶を元にいきなり強度の高いものから挑戦すると、怪我の原因になります。最初は過負荷の原則に当てはまらなくても良いので、強度が低めのものから始めてください。筋トレをする準備期間だと思って焦らずに、まずは久しぶりの筋トレに体を慣れさせる、また筋トレがある生活を習慣化させる期間だと考えるようにしましょう。その期間はさほど効果は期待できませんが、いきなり強度の高いものから始めると長続きしない傾向にあり、結果効果が出なくなってしまう場合もあります。

ある意味、過負荷の原則よりも大切であると言えます。

③継続性の原則

効率良く筋肉を増強させるには「過負荷の原則」や「漸進性の原則」以外にも「継続性の原則」というものがあります。継続的に筋トレをしないと当然その筋量を維持することはできません。とはいえ、以前は週2〜3回程度は筋トレをしないと維持、増強できないと言われていたのが、最近ではトレーニングの原則に則った良質なトレーニング内容であれば週1回の筋トレでも効果があることが分かってきています。

少し話が横道にそれますが、筋肉には記憶力があると言われています。

以前担当していたクライアントの方で、5年以上かけて筋肉を作ってきて、さらに今後はフルマラソンにもチャレンジしてみようと思っていた矢先に健康診断でがんが見つかり、治療のため1年間お休みした方がいました。抗がん剤などの治療が功を奏し無事トレーニングを再開されたのですが、復帰されたときは想像通り、いや想像以上に痩せ細っていました。ご本人も5年かけて作った筋肉が落ちてしまい、さらにそのときよりも当然年をとっているので元に戻るには倍以上の年月がかかると覚悟していたようでした。

私もここまで落ちてしまっていると相当時間がかかるだろうと思っていました。ところが、半年もしないうちに明らかに通常の同年代の方のレベルにまで戻り、1年後にはほぼ以前のレベルまで筋肉を取り戻すことができたのです。

このような現象は「マッスルメモリー」と呼ばれ、様々な研究によりそのしくみがだいぶ解明されてきました。

筋肉が増えるということは、筋力トレーニングによって傷ついた筋線維が1本1本修復され太くなることです。そして、継続的に筋トレを続けていって、ある一定レベルを超えて太くなろうとするときには、筋線維の中の「核」が増えるということが分かっています。

この方は5年もの間、まじめにトレーニングを頑張ってきたので、筋線維の中に新しい核が沢山増えていたのでしょう。実はこの核はトレーニングをやめて筋線維が細くなっても、すぐに数が減っていくわけではなく、しばらくは筋線維の中に残っていると言われています。これがマッスルメモリーという言葉の意味なのです。

まだ動物実験でしか証明されていないようですが、おそらく人間の場合でも10年程度は残っているであろうと言われています。

ということは20〜30代にトレーニングを頑張っておけば、10年間ほとんどトレーニングをしていなかったとしても、40代になって元の筋肉量に戻すことは容易にできるという期待が持てるということですし、学生時代にしっかり運動していた方なら、その後しばらくブランクがあったとしても、比較的早く筋肉を増やすことができるはずだということです。

動物実験の結果によれば約10％以上太くなると核は増え、そして10年先まで核は残っていて、その太くなった筋肉の状態は記憶されるということです。しかし10％となると1〜2カ月程度のトレーニングでは難しいです。最低でも半年から1年以上はかかります。

この「マッスルメモリー」という観点からも、「継続性の原則」は非常に重要であると言うことができます。

非常に抽象的な話にはなりますが、私の経験上、ある程度筋肉量が増えて本人もトレーナー側も「だいぶ増えましたね」と、数値的にも感覚的にも思える一定のレベルまでいくと、(適切なトレーニングを行っているにもかかわらず)それ以降あまり成果の感じられない、筋肉の増加スピードが緩やかになる時期が訪れます。

そうなると、それ以降は筋肉量が増えない代わりに、トレーニングの頻度をある程度減らしても維持できるようになります。この維持できるレベルを最低4年以上保つと、そこから全くトレーニングしない期間が数年あっても、再開すればさほど苦労しないで元の筋肉量を取り戻すことができているように思います。

さすがに10年以上トレーニングしない期間を空けた方は、まだ私のクライアントの中にはいないので、10年間核の数を保てるのかどうかは分かりませんが、少なくとも数年単位では休んでも大丈夫です。

第3章

お腹を凹ませる5つのルール

実技編

さあ、この章からはいよいよ実践です。次の順序で解説していきます。

①内臓脂肪を燃やす有酸素運動の方法
②基礎代謝を上げるために筋肉量を増やす大筋群の筋トレの方法
③お腹を凹ませる作用のあるインナーユニットのトレーニング方法
④そのインナーユニットのサポートをして凹ませる協力筋であるアウターユニットのトレーニング方法
⑤お腹を割るための腹直筋のトレーニング方法

もちろんこれらの運動に加え、食事面でも摂取カロリーを抑えなければなりません。しかし闇雲に食べる量を減らしてしまったら、せっかく筋トレしていても筋肉を作る材料が足りなくなってしまいます。その辺に関しては第4章で詳しく説明します。

もちろん運動と食事の両面から実践してもらえるのが理想ですが、もしハードルが高いと感じるのなら、どちらかから始めても良いと思います。第3章の実技編から、または第4章の食事編から、ご自分に合ったところから読み始めてください。

一つひとつハードルの低いものからクリアし成功体験を積んでいくことで、もっと高いハードルを超えられるようになります。いきなり高いハードルにチャレンジすると挫折に繋がります。誰でも必ずお腹は凹みます。決して焦らずに、マイペースでいきましょう。

歩くべきか？ 走るべきか？

有酸素運動をするにあたり良く受ける質問があります。

「歩いた方が良いのか？ 走った方が良いのか？」

それに一概に答えを出すことは非常に難しいです。体力レベルや年齢はそれぞれ違いますし感覚も人それぞれだと思います。

運動生理学的見地からは、心拍数を測定する方法がありますが、その説明をする前に、まずは次ページのグラフ3をご覧ください。

まず基準として知っておいて頂きたいのは時速8キロという数値です。時速8キロというと一般的には軽いジョギングレベル、私達トレーナーからするとクライアントと初めて一緒に走るとき、一般的な体力レベルの人の準備運動レベルとして速すぎることのないという速度がこれにあたります。この速度で歩くとなると競歩のようになってしまい、逆にかなりキツくなってしまうので、走った方が楽な速度です。

グラフ3 歩行ないし走行スピードと1kmあたりの酸素消費量との関係

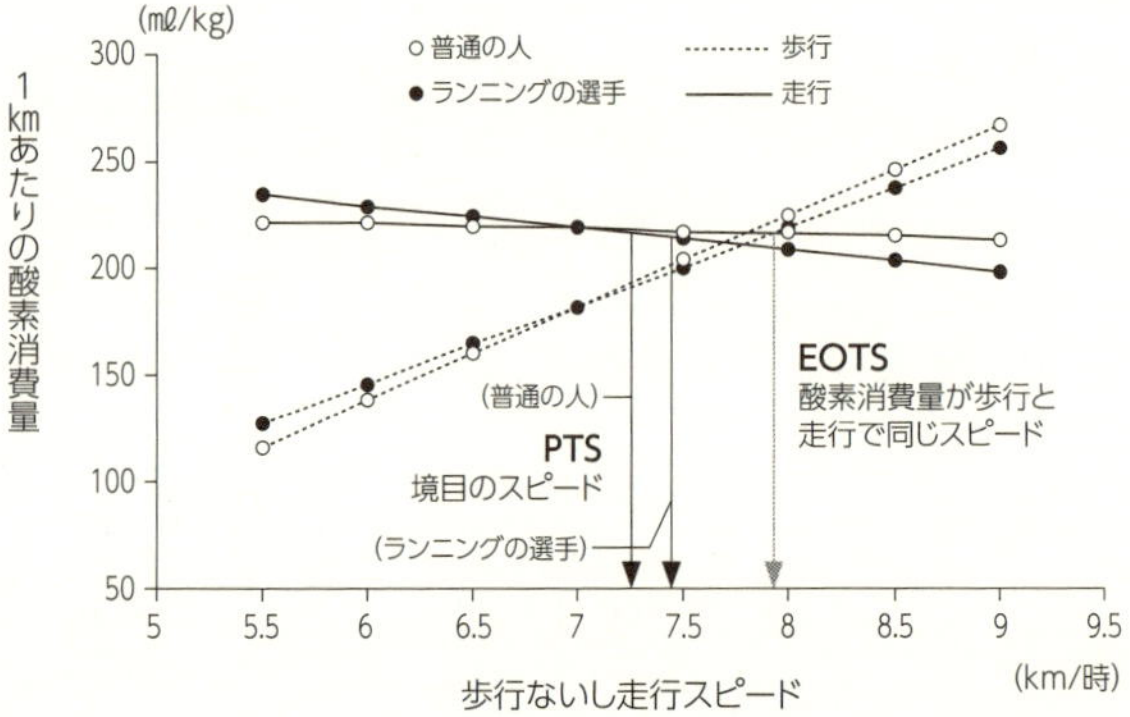

出典：ロートスタイン、2005年

このグラフは何を示しているのかというと、体脂肪がエネルギーとして使われるには酸素が必要で（なので有酸素運動と言います）、その酸素の消費量と歩行ないし走行スピードとの相関性を示したものです。ちなみに酸素消費量と脂肪燃焼量は比例するので、酸素消費量が多くなるということは、脂肪燃焼量も増えるということです。

ウォーキング（歩行と書かれています）では時速5・5キロから速度が上がるにしたがってどんどん酸素消費量が上がっていきますが、ランニング（走行と書かれています）ではあまり変化が見られません。特に注目してもらいたいのが、ランニング選手のように走ることに相当慣れている方の場合は、ゆっくり走る方が酸素消費量は高いという点です。

このグラフから以下のことが考察されます。

●ウォーキングの場合は速度を上げた方が酸素消費量は増える
●ウォーキングでも時速7・5キロ程度を超えると走っている場合とほぼ変わらないレベルまで酸素消費量は増える
●時速8キロ程度になるとウォーキングの方がランニングよりも酸素消費量が多い
●ランニングは基本的に酸素消費量が多いが、一般の人の場合時速5・5〜9キロの範囲の中で速度によって酸素消費量はあまり変わらない

ここで思い出してみてください。先程述べた、時速8キロというのが初めて運動を行う方にとってもあまりキツくないレベルだということを!

無理して速く走らなくても、ウォーキングでだって、しっかり効果が出るということが分かって頂けると思います。

今までは「ランニングはちょっとハードルが高いなあ……」と感じていた方も、「ゆっ

くりジョグでもいいんだ、なら少しやってみよう！」「ウォーキングから始めてみようかな」などと思って頂けたら嬉しいです。もちろん個人差はありますがゆっくりジョグならそんなにハードではないので長時間運動することができますし、長く継続することだって可能です。また定期的に行っていくと、距離も時間も自然と無理なく伸びていくものです。

心拍数で有酸素運動の強度を客観的に見る

ただ、主観的な【強度】というのは非常に曖昧な表現です。強度の感じ方、つまり強度が高いと感じるか、低いと感じるかはあくまでもその人の主観です。ゼェゼェ言ってしまうほどの強度でも気持ち良いと感じる人もいれば、ちょっと横断歩道を駆け足で渡っただけでキツいと感じる人もいるでしょう。

それを唯一同じ物差しで客観的に測ることができるのが「心拍数」です。

ちょっとだけ計算式が複雑なのと、自分自身で心拍数を測定しなくてはならないので、最初は面倒に感じるかもしれませんが、小学生レベルの算数の知識と時計さえあれば誰でも簡単に測定できるので是非チャレンジしてみてください。

まずはこのカルボーネン法という計算式を覚えてください。

目標心拍数＝（220－年齢－安静時の心拍数）×運動強度*＋安静時の心拍数

次に手首や首の血管で安静時の心拍数を測定します。ご自宅にある血圧計で定期的に血圧を測定している方は、血圧を測定するときに一緒に心拍数も表示されると思いますのでそれを使って頂いても結構です。

安静時心拍数を測定する場合は、椅子などに座り落ち着いているとき、または起床時にベッドの中で測定するなど、体だけでなく心も落ち着いているときの方が正しく測定できます。60秒間で何拍したかで数えます。30秒測定して2倍しても結構です。

そしてこの運動強度*の数値ですが、研究者や様々な機関によって若干変わりますが、以下が一般的なものです。

運動強度
40〜50％………準備運動レベル
60〜80％………脂肪燃焼が効率良く行えるレベル

80％以上……競技力向上を目指すレベル

脂肪燃焼目的で酸素消費量を稼げる強度は、27ページでも説明しましたが「ややキツい」「息が弾むぐらい」ということでした。それを運動強度という尺度に当てはめると60～80％に相当します。

ではカルボーネン法の計算式にご自身の安静時心拍数と、この運動強度を当てはめてみましょう。

例）40歳・安静時心拍数80拍／分の場合

（220－40－80）×0・6～0・8＋80＝140～160

あなたがややキツいと感じるときの心拍数が、この計算式で導き出された範囲内に入っているかどうかを見ることで、効率良く脂肪燃焼が行われているかどうか客観的な判断をすることが可能です。最近では身につけるだけでこの測定と計算を自動で行ってくれる、時計型の「心拍計」という商品もスポーツショップで手に入ります。ウォーキング時に60〜80％のレベルを外れるとすぐに「強度を少し上げてください」、または「強度を少し下げてください」などと、音声で教えてくれるものもあります。興味のある方は是非探してみてください。

ウォーキング後はだらだらしないこと

皆さんは、筋トレにせよ有酸素運動にせよ、どちらも動いているときにしかエネルギーを消費しないと思っていませんか？

実は人間の体の中では、運動後にも高いエネルギー消費が継続して行われているのです。この反応のことを、運動後過剰酸素消費量（ＥＰＯＣ）と言います。ＥＰＯＣは運動で生じた代謝産物の処理や脂質代謝の亢進、筋タンパク合成などに関与していると考えられています。

ある程度高い強度で筋トレや有酸素運動などを行うと、体内では筋肉が損傷し、また乳酸という物質が発生します。そして運動後も、その乳酸を肝臓に取り入れて糖を作り出し、エネルギー源を新たに作り出したり、タンパク質が傷ついた筋肉を修復したりして、体の中は大忙しの状態になっています。それらの作用はいずれも酸素を必要とし、エネルギーも消費するので、運動後もしばらくは普段よりも多くのエネルギーが消費され続けているのです。この効果は運動強度にもよりますが、1時間30分〜2時間は続くと言われています。そしてそのEPOCが一番高いのは「立位」の状態でいるときで、座位↓臥位と徐々に下がっていきます。

ということは、筋トレ↓有酸素運動の後「あー疲れた！」と言ってソファにゴロン、はもったいないということです。さすがにさらにその後運動しましょうとは言いません。その代わり、1日の中で絶対にしなければならないことをやってしまいましょう。犬の散歩に行く、買い物に行く、掃除をする、洗濯物を干す、DVDを返しに行くなど……立位でいられる状態であれば何でも結構です。

ダイエット、すなわち体脂肪を減らすということは一朝一夕に叶うものではなく、日々の積み重ねによって初めて達成され得ます。それはコツコツと家を建てていくようなものです。

有酸素運動を日々行うと、少しずつ毎日煉瓦が積み重なっていって、やがて家が建ちます。筋トレをすると有酸素運動時の消費カロリーが上がる、すなわち煉瓦一つひとつが大きくなり、早く家を建てることができます。反対に筋肉量が少ない人は、一つひとつの煉瓦が非常に小さく、何年経っても家は建ちません。

そして先程述べたように有酸素運動後もしばらく立位でいれば、それだけで自動的に煉瓦が積み上がってくれるのです！

下半身のトレーニング

ここからは、三大大筋群である下半身、胸、背中を中心に、強度別に紹介していきます。

また実は、肩の筋肉（三角筋）もこの3つと同じぐらい大きな筋肉に分類されるのですが、胸や背中を鍛える動作のときに必ず付随して刺激され、鍛えられる箇所ですので、あえて三角筋だけのトレーニング方法を紹介することは省略しました。

（強度を★の数で表現しています。★の数が多いほど強度が高い）

下半身は〈下肢全体〉と〈臀部〉、2つのパーツに分けてトレーニング種目を作りました。

〈下肢全体〉は主にももの前（大腿四頭筋）、ももの裏（ハムストリングス）、うちもも（内転筋群）、骨盤の横（中臀筋）などを鍛えられるもので構成しています（一部内転筋群や中臀筋があまり関与しないものもあります）。

〈臀部〉は皆さんご存知のように厚さも大きさもあり、個別にトレーニングしやすい部位でもあるので下肢全体とは別に用意しました。下肢全体と併せて臀部も行ってあげると下肢の筋肉量がアップしやすいでしょう。

〈下肢全体〉スクワット　強度★

20回×2〜3セット

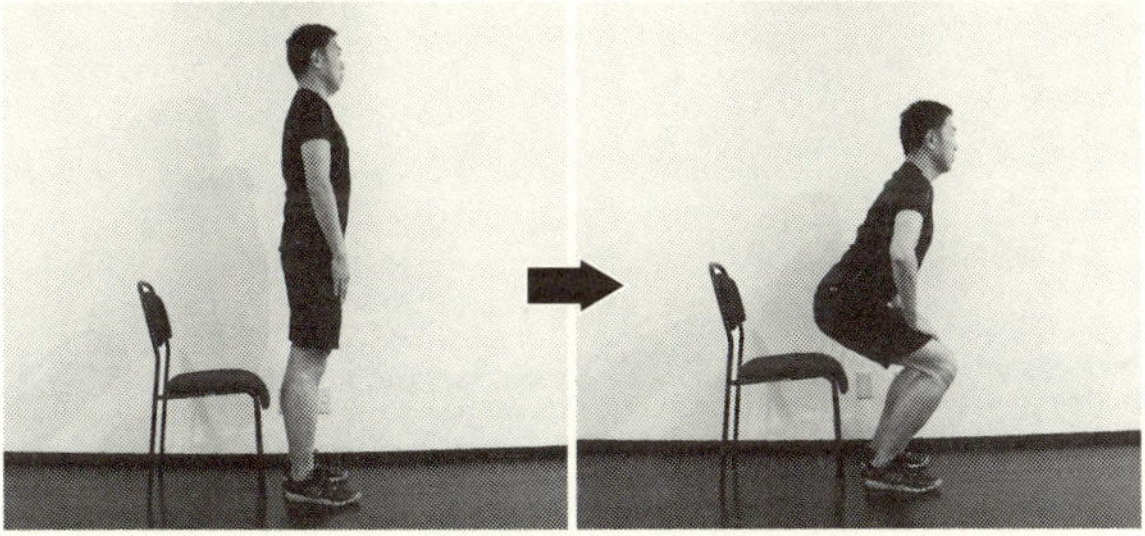

下肢のトレーニングの代表でもあるスクワットです。実はスクワットはフォームがとても難しいと言われている種目です。しかしこの写真のように後ろに椅子を置いて行うと、ほぼ正しいフォームで行うことができます。

非常に強度が低いので倍の回数40回以上できてしまうようであれば★2つ以上の強度のトレーニングにしましょう。しかしその場合でも、このスクワットは準備運動として行うのには良いと思います。また回数をこなし、有酸素運動として捉えて行うのであれば良いと思います。数を40〜50回以上行うと軽く汗もかけ、いい有酸素運動の一つになります。

①椅子の前に立ちます。両脚を軽く開きます。両手を自然に下ろします。
②そのままお尻を突き出して椅子に座ろうとします。
③座面に臀部がつくギリギリのところから立ち上がります。
④4秒かけてしゃがみ込み、曲げきったところで1秒止めます。また4秒かけて立ち上がります。

注意）猫背にならないように背筋を伸ばして行いましょう。

〈臀部〉ヒップエクステンション　強度★

20回×2〜3セット（左右）

脚の重さを負荷として使い臀部のトレーニングを行います。

①両肘をついて四つん這いになります。
②右脚の膝を90度に曲げたまま上に持ち上げます。
③ゆっくり脚を元の位置に戻します。
④4秒かけて上げて、太ももと背中が一直線になるところまで持ち上げたら1秒止めます。また4秒かけてゆっくり戻します。左右行います。

注意）脚を上げすぎて腰が反らないようにしましょう。膝の角度は変えないようにして行います。

〈下肢全体〉シングルレッグスクワット　強度★★

20回×2～3セット（左右）

　通常の両脚で行うスクワットだと、体重という負荷を両脚にかけてしまうので強度が下がってしまいます。片脚に体重がかかるようにすると強度を上げることができます。

　ですがいきなり全体重を片脚だけに乗せて行うと強度が上がりすぎてしまいます。このシングルレッグスクワットは8対2の割合で体重を乗せます。前に出した脚に体重の8割を乗せて後ろの脚には2割乗せます。このバランスを最初から最後までできるだけ保って行いましょう。この強度だと一気に上がりすぎてしまったと感じる方は体重を乗せる割合を変えてあげると負荷が軽くなります。ただし最後まで体重のバランスを変えないようにすることが大事です。

①片脚を大きく前に出し両手を床について陸上のスタートのようなポジションをとります。
②前脚に8割体重を乗せたまま前脚の膝を伸ばしていきます。
③伸ばすときに背中が起き上がらないように背中で押し上げるイメージで行います。
④上げるときに体重を後ろの脚に移さないように注意します。
⑤4秒かけてゆっくり膝を伸ばし、膝が伸びきる一歩手前で1秒止めます。また4秒かけてゆっくり膝を曲げていき最初のポジションに戻ります。

注意）膝の角度が90度以下になったり、膝がつま先よりも前に出ると膝関節に負担をかけるので注意してください。

〈臀部〉 強度★★

ストレートレッグヒップエクステンション

20回×2〜3セット(左右)

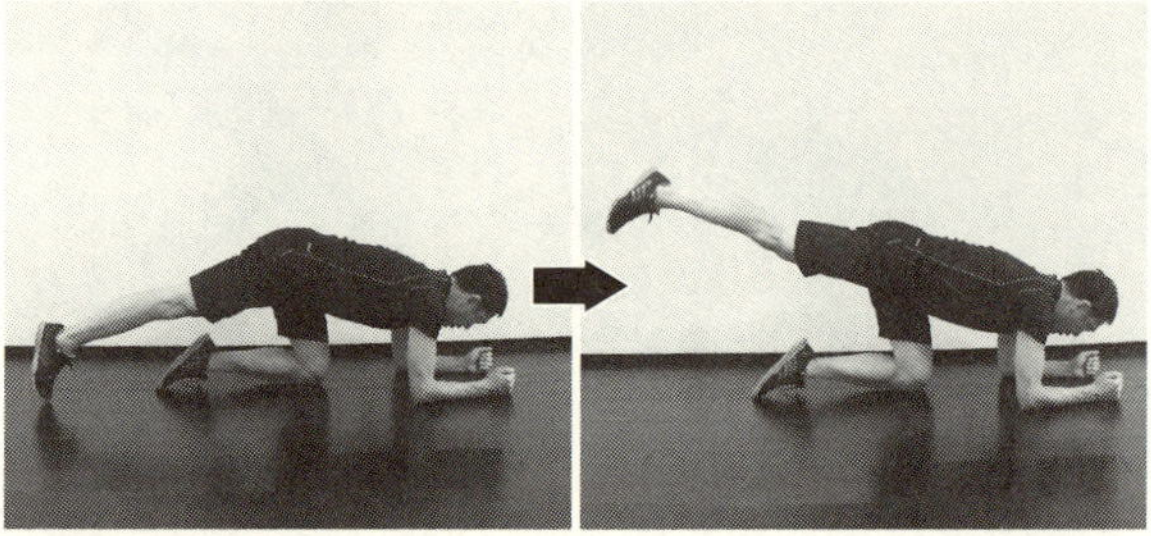

強度★のヒップエクステンションよりも一つ強度を上げたバージョンです。

①両肘をつき四つん這いになります。
②片脚の膝を伸ばしつま先を床につけます。
③膝を曲げないようにして、その脚を上に体と一直線になるところまで持ち上げます。
④4秒かけて持ち上げ、1秒上で止めて、また4秒かけてゆっくり下ろしていきます。

注意) 後ろの脚を上げすぎて腰が反らないように注意してください。特に体の硬い方は腰が痛くなるところまで持ち上げないように注意してください。

〈下肢全体〉　強度★★★

シングルレッグスクワットwithチェア

20回×2〜3セット（左右）

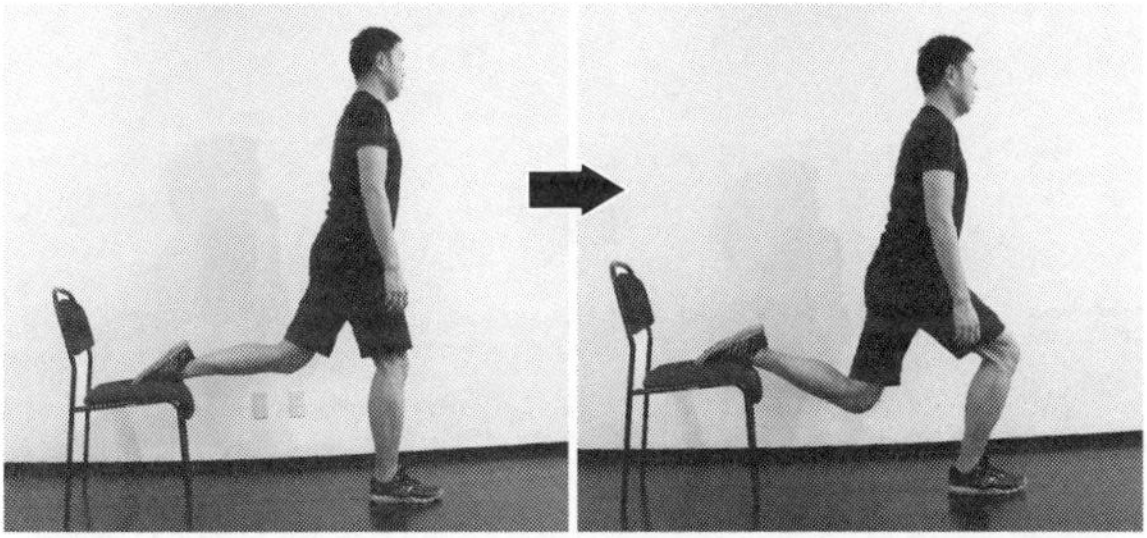

これも117ページのスクワットから変化させたもので強度★★のものよりも前脚にかかる負荷が大きくなります。しかしその分前脚の膝を曲げる角度によって細かい強度設定ができます。前脚の最大屈曲角度を90度としてご自分で正しい強度設定をしましょう。20回程度ギリギリできる負荷が良いでしょう。

①片脚を前に出します。後ろ脚を椅子の座面に乗せます。
②前脚の踵に体重を乗せながら上体は起こしたまま膝を曲げていきます。
③前脚の膝を曲げる角度で強度を変化させることができます。
④4秒かけてゆっくり膝を曲げて曲げたところで1秒止めます。また4秒かけてゆっくり伸ばしていきます。

注意）膝の角度が90度以下になったり、膝がつま先よりも前に出ると膝関節に負担をかけるので注意してください。

〈臀部〉ヒップリフト　強度★★★

20回×2〜3セット

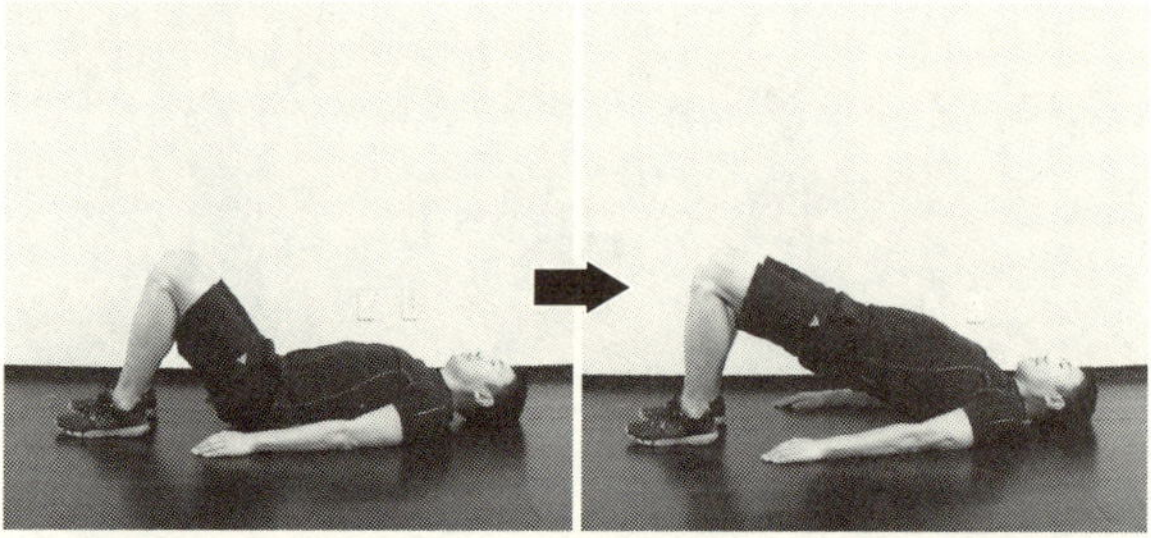

①仰向けになり両手を床につき両膝を曲げます。脚は骨盤幅に広げます。

②足の裏で床を押すようにして臀部を持ち上げます。

③胸・腹部・ももの前が一直線になるところまで持ち上げます。

④4秒かけて持ち上げ、上で1秒止めます。また4秒かけて元に戻します。

注意）足をつく位置が近すぎると膝が痛くなります。また遠すぎると臀部を持ち上げづらくなります。色々試してやりやすい位置を探してください。

〈下肢全体〉　　強度★★★★

シングルレッグキングデットリフト

10回×2〜3セット（左右）

今度は片脚に全ての体重をかけます。かなり負荷が大きくなってきます。バランスをとることも難しくなりますので、下半身の基礎筋力がなければ難しいでしょう。

①片膝を立てて両手を床につけます。
②後ろの脚の曲げている膝の角度を90度に保ったまま前の脚の力を使ってそのまま膝を伸ばします。
③両手、後ろの脚の膝、後ろの脚のつま先、この3点を同時に床から離すことを目標にしましょう。
④4秒かけて膝を伸ばし上で1秒止める、また4秒かけてゆっくり膝を曲げていきます。

注意）膝の角度が90度以下になったり、膝がつま先よりも前に出ると膝関節に負担をかけるので注意してください。

〈臀部〉シングルレッグヒップリフト　強度★★★★

20回×2〜3セット（左右）

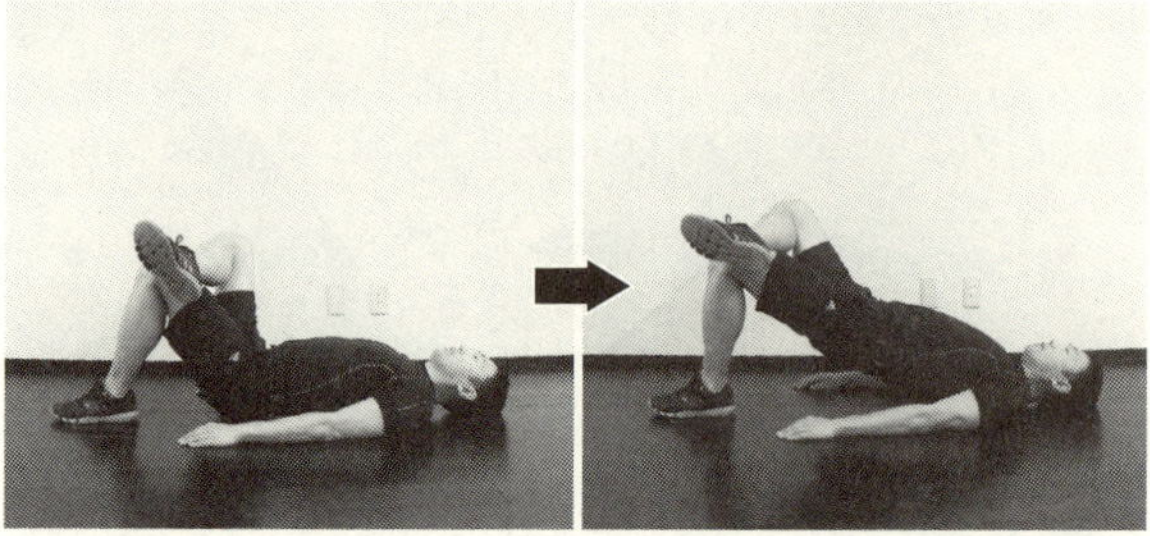

120ページのヒップリフト（強度★★★）を片脚にすることによって体重の負荷を倍にします。

①片膝を立てて脚を組み仰向けになります。両手は床に置きます。
②そのまま臀部を持ち上げ、ももの前、お腹、胸まで一直線になるところまで持ち上げます。
③ついている足の裏全体で床を押します。
④4秒かけて持ち上げ、上で1秒止めます。また4秒かけて元に戻します。

注意）両足をつく位置が近すぎると膝が痛くなります。また遠すぎると臀部を持ち上げづらくなります。色々試してやりやすい位置を探してください。

〈下肢全体〉チェアアップ　強度★★★★★

10回×2〜3セット（左右）

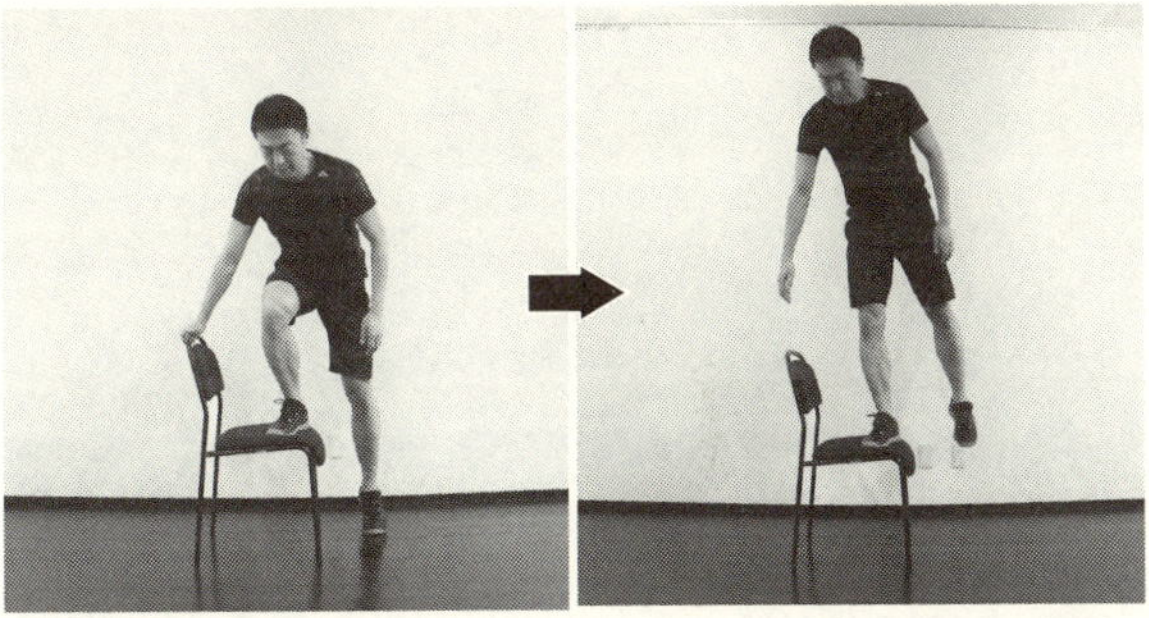

今度は椅子の上に上がりますのでさらにバランスをとるのが難しくなります。また身長によっては膝の角度も90度以下になり膝を痛めやすくなりますので、いきなりこの強度から行わないように注意してください。

またバランスをとるのが難しい場合は片手で椅子の背もたれ、壁などにつかまって行ってもかまいません。

①片脚を椅子の座面に乗せます。片手で背もたれをつかみバランスをとります。

注意）椅子が倒れないように座面の中央付近に足をつきます。

②乗せた脚でそのまま体重を持ち上げ膝を伸ばします。

③そこからゆっくり重力に負けないようにブレーキをかけながら脚を下ろしていきます。

④4秒かけて持ち上げ、上で1秒止めます。また4秒かけて元に戻します。

注意）膝の角度が90度以下になったり、膝がつま先よりも前に出ると膝関節に負担をかけるので注意してください。

〈臀部〉 強度★★★★★

シングルストレートレッグ&ヒップリフト

20回×2〜3セット(左右)

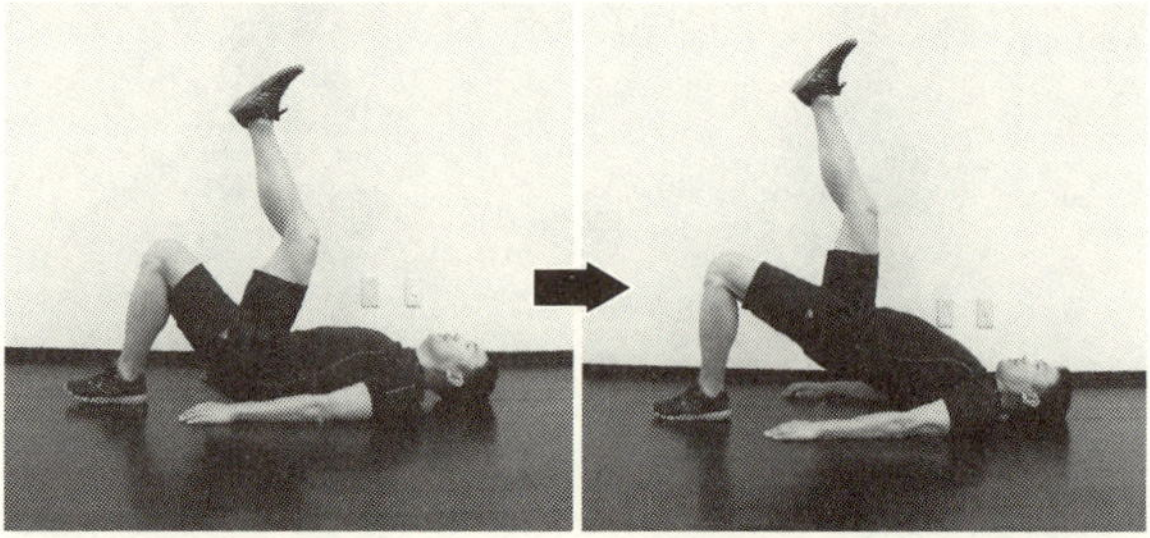

122ページのシングルレッグヒップリフト(強度★★★★)から片脚を天井に伸ばしさらに強度を上げます。

①片膝を立て、片方の脚は天井に伸ばします。
②ついている足の裏で床を押すようにして臀部を持ち上げます。
③ももの前、お腹、胸が一直線になるところまで持ち上げます。
④4秒かけて持ち上げ、上で1秒止めます。また4秒かけて元に戻します。

注意)両足をつく位置が近すぎると膝が痛くなります。また遠すぎると臀部を持ち上げづらくなります。色々試してやりやすい位置を探してください。

〈下肢全体〉　強度★★★★★★

バランスチェアアップ

10回×2〜3セット（左右）

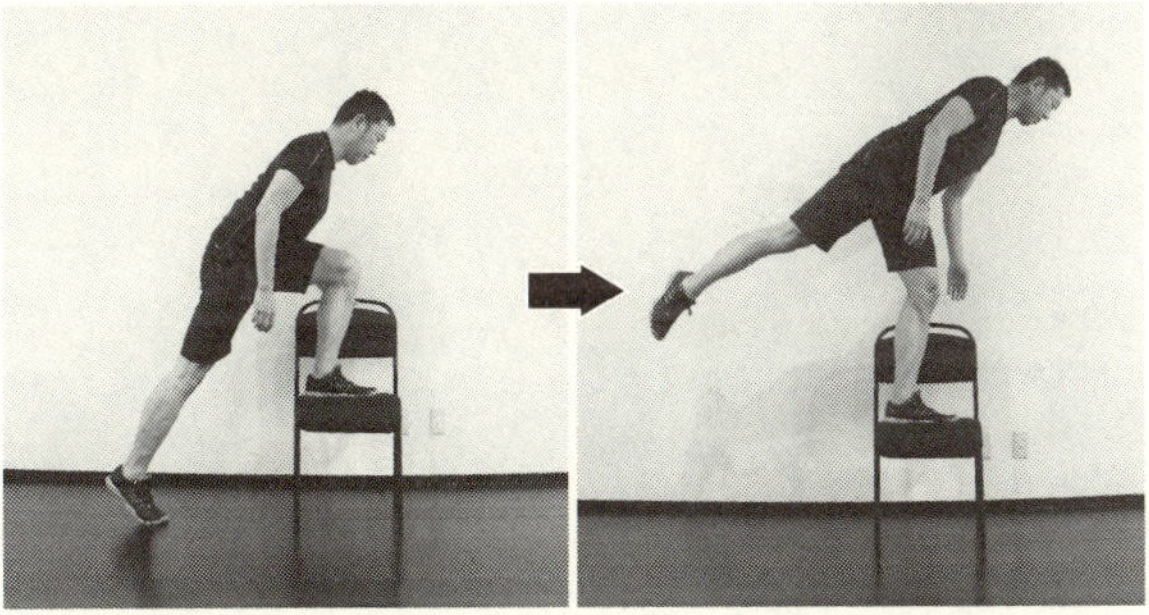

さあ強度が最も高くなります。123ページのチェアアップ（強度★★★★★）では脚が椅子の横にあり、下に下ろしていましたが、今度は持ち上げている脚を大きく後ろに伸ばし、さらに負荷を大きくしていきます。

①片脚を椅子の座面の上に乗せます。片手で背もたれをつかみバランスをとります。
②反対の脚はつま先だけ床につけます。
③そのまま前の脚に体重を乗せゆっくり膝を伸ばしていきます。
④ゆっくりバランスをとり重力に負けないようにブレーキをかけながら下ろしていきます。
⑤4秒かけて膝を伸ばし、上で1秒止めます。また4秒かけて膝を曲げていき、元に戻します。

注意）膝がつま先よりも前に出ると膝を痛める可能性があるので注意してください。また身長によって膝の角度が90度以下になり膝に違和感を覚える方は高さが低い椅子から始めてください。

バランスがとりづらい場合は壁につかまりましょう。

また椅子がしっかり安定するように壁側にくっつけて行いましょう。

〈臀部〉　強度★★★★★★

バランスシングルストレートレッグ&ヒップリフト

20回×2〜3セット(左右)

124ページのシングルストレートレッグ＆ヒップリフト（強度★★★★★）の状態から両手を上げて難度もアップしています。また接地面が踵だけになりますのでさらに筋力が必要になります。

①膝を立てて仰向けになります。片脚を天井に伸ばします。
②両手を「前へならえ」のように伸ばします。
③ついている足のつま先を上げて踵だけで体重を持ち上げます。
④ももの前、お腹、胸まで一直線になるところまで持ち上げます。
⑤下げたときに臀部は床につけないで、ギリギリのところからまた持ち上げます。
⑥4秒かけて持ち上げ、上で1秒止めます。また4秒かけて元に戻します。

注意）両踵をつく位置が近すぎると膝が痛くなります。また遠すぎると臀部を持ち上げづらくなります。色々試してやりやすい位置を探してください。

沢山の種目を紹介してきたので、皆さんは全部やらなければならないと誤解してしまうかもしれませんが、決してそうではありません。そこを間違えないようにしてください。〈下肢全体〉〈臀部〉各強度の中からそれぞれ一つだけ、自分に合った強度を探してそれらをやり続けていくのです。下半身ではたった2種目で良いことになります。

98ページでも説明しましたが、指定された回数の倍以上できてしまうようであれば設定した強度が低すぎます。一つ強度を上げるか、膝を曲げる角度や体重のかけ方で強度を微調整する方法を記してあるものは、それを試してみてください。正しいフォームで正しい秒数、指定された回数がギリギリできるような設定が、最も適切な強度設定です。その種目が余裕でできるようになってきたら、また一つ強度を上げていきます。

上半身の大筋群（胸）のトレーニング

他の大筋群 その① 大胸筋

さて、ここまでは大筋群の代表としてもも周りやお尻の筋肉を鍛えることの重要性を話してきましたが、その他の大筋群である胸と背中についても少し話しておきましょう。

鍛えるべき筋肉の数が増えれば、当然やらなければならない種目数も増えてしまいます。ここまで説明してきただけでも、摂取カロリーをコントロールして、家で下半身の筋トレをして、その後にウォーキングに行って、それも少し息が弾むぐらいの強度で……。今まで運動不足でお腹が出てきてしまった人にとって、既に過酷なのは分かっています。だから最初は下半身の筋トレだけでも全然かまいません。でも「もうちょっと頑張れそう！」、または「いや今年の俺は本気だ！」という方のために、一応上半身の大筋群の特性や効果などについても説明しておきます。

でもあまり最初から頑張りすぎないでくださいね。キャパは人それぞれですが、頑張りすぎてすぐ挫折するよりも、地道に継続して頂きたいので。

ではまず大胸筋から。

大胸筋のトレーニングで一般的なのが、腕立て伏せとベンチプレスです。ベンチプレスは機材が必要で、スポーツクラブなどに行かないとできないので、ここでは腕立て伏せについて解説します。

一度は聞いたことがあるだろうし、学生時代の部活で死ぬほどやらされた人も多いと思います。また、「腕立て伏せは腕や肩のトレーニングじゃないの!?」と、意外に思われた方もいるかもしれません。もちろん単純に名称からくるイメージの問題なのかもしれませんが、それは腕立て伏せが終わった後、胸に効いていると感じるよりも腕に効いていると感じてしまっているからということも考えられます。胸に効かず、腕ばかりに効いてしまうのは、フォームに問題があるからです。腕立て伏せはとてもメジャーであるが故に一見簡単そうに思われがちですが、実はフォームが非常に難しいのです。正しいフォームを意識して行わないと、大胸筋にはほとんど効かず、腕ばかりが太くなってしまいます。

腕立て伏せは大胸筋以外にも二の腕の上側の上腕二頭筋、二の腕の外側の上腕三頭筋、そして肩周りの三角筋も同時に鍛えられる種目です。ですが、主に大胸筋に効かせ、それに付随して腕や肩も鍛えられる、というのが本来腕立て伏せの目的とするところです。

お腹を凹ませるためには、腕などの小さな筋肉ではなく、大筋群の一つである大胸筋（三角筋も大筋群とされる）を鍛えて基礎代謝量を上げる方が効率的です。そのためには正しいフォームで腕立て伏せを行う必要があります。ここからは、強度設定の仕方などを含め詳しくイラストと写真で解説しますので、是非これを機会にマスターしてください。

硬くなりやすい筋肉と弛緩しやすい筋肉

ここで少し大胸筋の特性について補足しておきます。

人間の筋肉は、硬くなりやすい筋肉と弛緩しやすい筋肉、大きく2つに分けることができます。基本的に、硬くなりやすい筋肉はストレッチをして柔軟性を上げる必要がありますし、弛緩しやすい筋肉はトレーニングで強化しなければいけません。私達トレーナーはその特性を踏まえて、どの筋肉を主に鍛え、どの筋肉を主にストレッチするのかを考え、トレーニングとストレッチをバランス良く処方しています。

次ページの図15をご覧頂ければ分かるように、大胸筋は硬くなりやすい筋肉に分類されます。基礎代謝量を上げるためにサイズの大きい大胸筋を鍛えることは必要ですが、鍛えたままにしておくとすぐに硬くなり、(縮んでいくようなイメージで)どんどん肩関節を前に引っ張る力が強くなり猫背になってしまいます。

お腹が凹んでも猫背……といった状態にならないようにストレッチをすることも忘れずに意識しましょう。実はこの猫背には、大胸筋が硬くなることだけではなく、背中の上部真ん中あたりにある菱形筋という筋肉が弱くなることも密接に関与しています。図15にも記載されているように、菱形筋は弛緩しやすい筋肉に分類されます。

図15 体勢維持活動の筋と一過性活動の筋

体勢維持	一過性
筋（筋群）	
腓腹筋——ヒラメ筋	腓骨筋
後脛骨筋	前脛骨筋
短股関節内転筋	内側／外側広筋
ハムストリングス	臀筋群
大腿直筋	腹筋群
腸腰筋	前鋸筋
大腿筋膜張筋	菱形筋
梨状筋	僧帽筋下部
脊柱起立筋	短頸骨屈筋群
腰方形筋	上肢伸筋群
大胸筋	
僧帽筋上部	
肩甲挙筋	
胸鎖乳突筋	
斜角筋	
上肢の屈筋群	
特徴	
硬くなりやすい	弛緩しやすい
二関節筋	単関節筋
強い	弱い
トリガーポイント	
良く反応する	

出典：『柔軟性トレーニング——その理論と実践』（大修館書店）

次ページの図をご覧ください。

菱形筋は肩甲骨と背骨を繋いでいる筋肉で、この菱形筋があることで肩甲骨が背骨側に引き寄せられ、前に引っ張ろうとする大胸筋との絶妙なバランスで猫背を防いでいるのです。この両者のバランスが崩れると、猫背になってしまうというわけです。

それを予防するためには菱形筋を鍛えつつ、大胸筋が硬くならないようにストレッチをする、両面からのアプローチが必要です。

菱形筋は、次に紹介する背中の広背筋や僧帽筋のトレーニングをするときに、肩甲骨の動きを意識することで同時に鍛えることができます。

図16 筋肉量が多い大胸筋

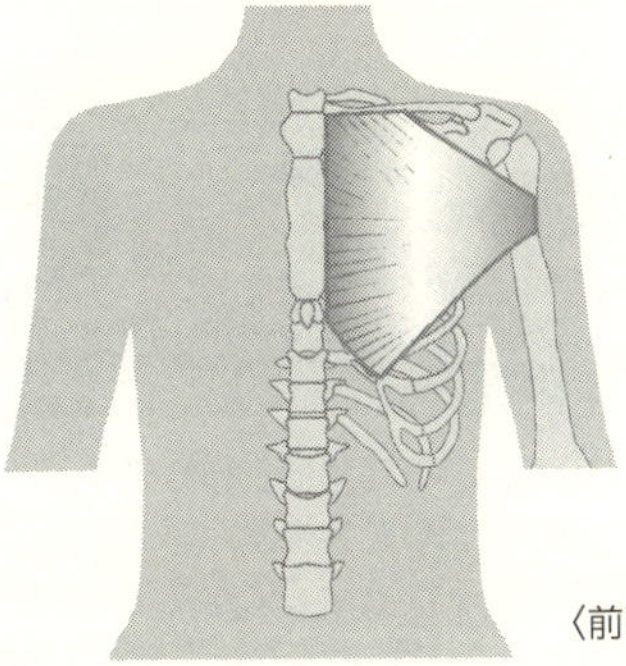

〈前面〉

図17 菱形筋

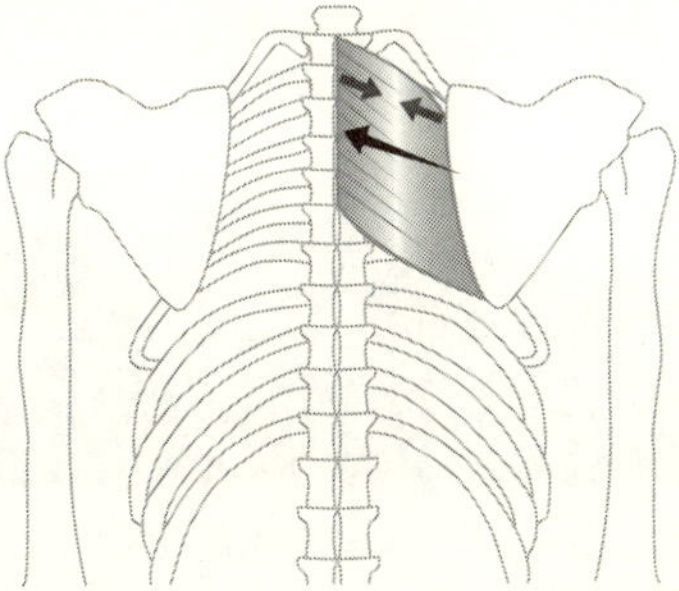

〈背面〉

＊共通のポイントとして、両手をつく位置は胸の横の延長線上です。

膝つきプッシュアップ

強度★

20回×2〜3セット

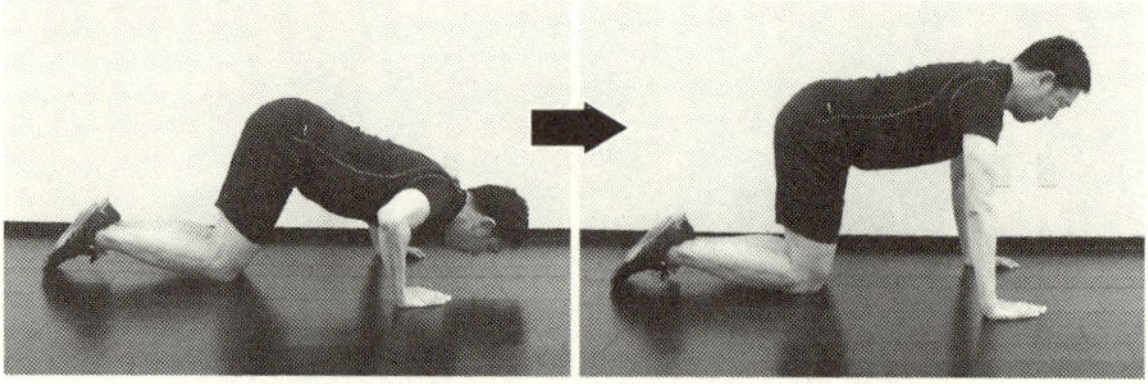

①両膝、両手を床について四角形を作ります。
②そのまま肘の曲げ伸ばしをします。
③両手よりも前に頭を下げるように意識をします。
④4秒かけて肘を伸ばし、1秒止まり、また4秒かけて曲げていきます。

注意）膝の下にクッションなどを敷くと良いでしょう。

膝つき三角プッシュアップ

強度★★

20回×2〜3セット

①両手をついて膝を曲げて床にうつ伏せになります。
②その体勢のまま両肘を伸ばします。
③頭から膝まで一直線になるようにします。
④4秒かけて肘を伸ばし、1秒止まり、また4秒かけて曲げていきます。

注意）腰が下がってしまい反らないように注意してください。

ノーマルプッシュアップ

強度★★★

10回×2〜3セット

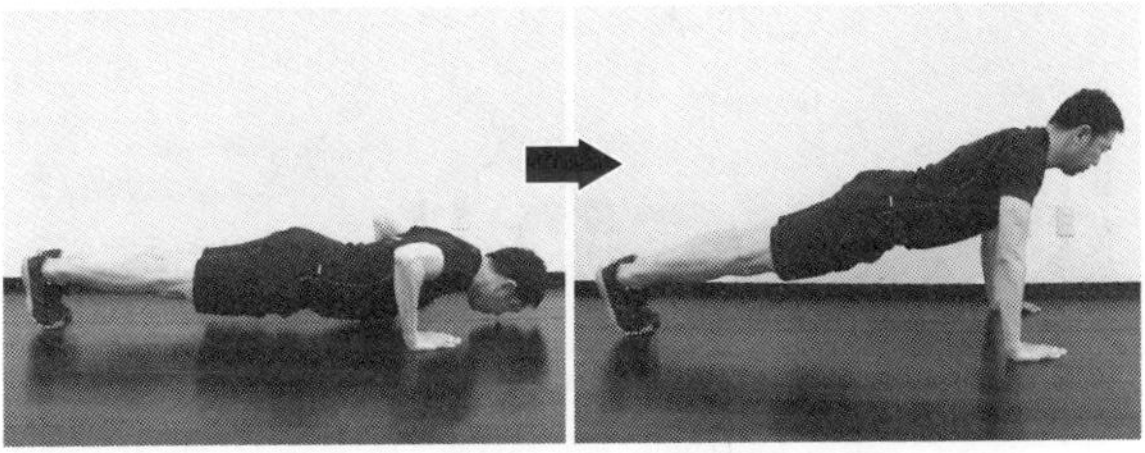

①脚を伸ばして床にうつ伏せになり両手をつきます。
②そのまま頭から踵まで一直線を保ったまま両肘を伸ばしていきます。
③4秒かけて肘を伸ばし、1秒止まり、また4秒かけて曲げていきます。

注意）腰が下がってしまい反らないように注意してください。

デクラインプッシュアップ1

強度★★★★

10回×2〜3セット

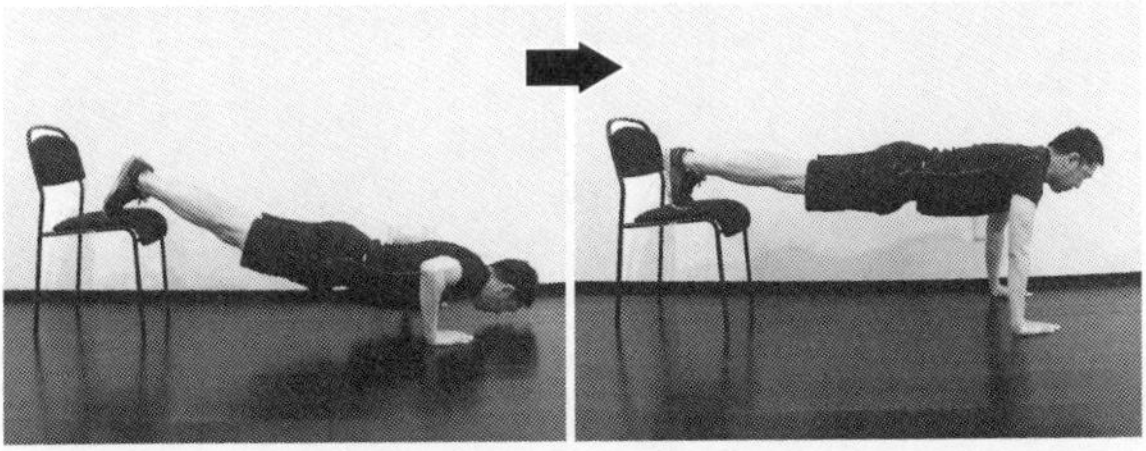

①両足を椅子の座面の上に乗せ、両手を床につきます。
②踵から頭まで一直線に保ったままで肘の曲げ伸ばしをします。
③4秒かけて肘を伸ばし、1秒止まり、また4秒かけて曲げていきます。

注意）腰が下がってしまい反らないように注意してください。

デクラインプッシュアップ2

強度★★★★★

10回×2〜3セット（左右）

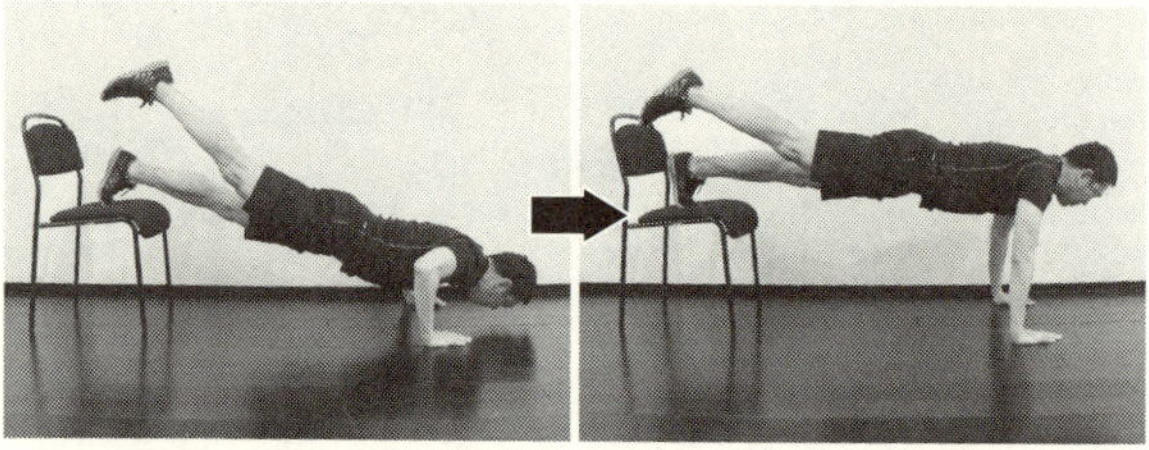

①最初に両足を椅子の座面の上に乗せて体勢を作ります。
②体が頭から踵まで一直線に保てたら片脚を持ち上げます。
③体重を前方にかけて負荷を上げます。
④そのままの状態で肘の曲げ伸ばしをします。
⑤4秒かけて肘を伸ばし、1秒止まり、また4秒かけて曲げていきます。

注意）腰が下がってしまい反らないように注意してください。

上半身の大筋群（背中）のトレーニング

他の大筋群 その② 広背筋と僧帽筋

さて、背中の筋肉で特に鍛えて頂きたいのは広背筋と僧帽筋です。これらの筋肉は腕立て伏せのようなオーソドックスな種目では鍛えられない筋群です。

一番知られているトレーニング方法はおそらく「懸垂」でしょう。しかし文字通り体を床から垂直にしてどこかにぶら下がり重力をかけなければならないため、相当頑丈な何かつかまるところが必要ですが、一般的な家やマンションに、そのような環境が整っていることは非常に稀であると思います。

懸垂以外にも、ダンベルやエクササイズチューブなどを使う方法も考えられますが、実は私達トレーナーもこの背中の筋肉に関しては、スポーツクラブにあるような専門的なマシンを必要とする場合が多いので、自宅で簡単にできる方法をというと少し頭を悩ませてしまいます。次ページの広背筋、僧帽筋の図を見て頂いても分かるように非常に大きい筋肉なので、下半身や胸などと同様に、過負荷の原則に則って考えると、それなりの器具を使わずに十分な負荷をかけることは非常に困難です。特に筋力のある男性は家にあるよう

図18 筋肉量が多い僧帽筋

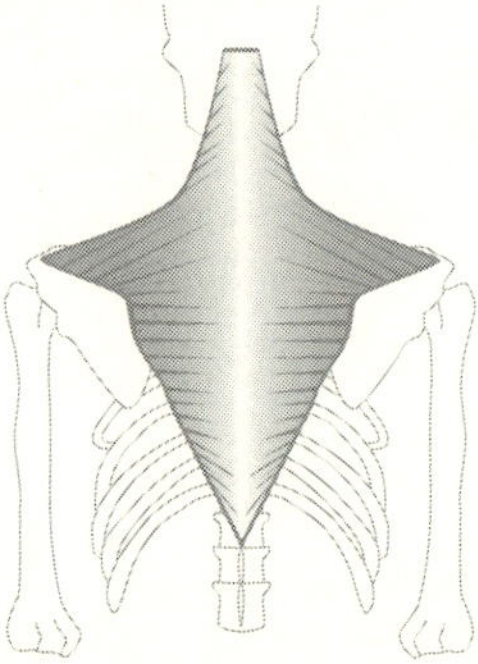

図19 筋肉量が多い広背筋

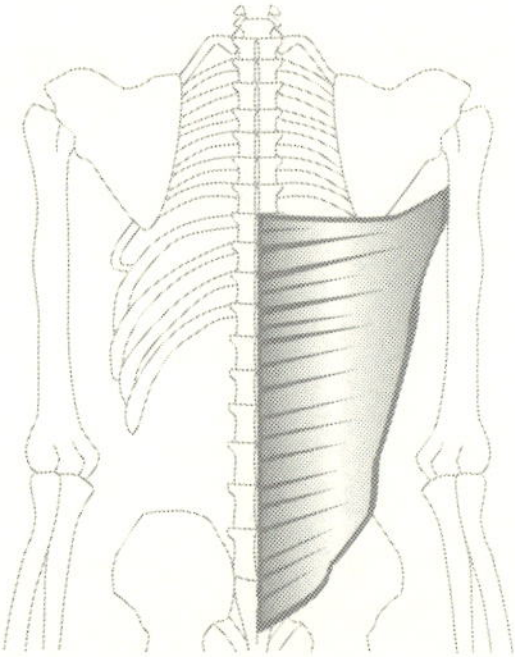

な2キロ、3キロ程度の重さのダンベル、ましてや代用のペットボトルなどでは尚更困難でしょう。

でもご安心ください！

この章では、自宅でもできる背中のトレーニングをちゃんと紹介してあります。あまりなじみのないトレーニングかもしれませんが、腕立て伏せが胸のトレーニングなら、背中を鍛えたい場合は腕立て伏せを逆向きにして行えば良いのです。余裕がある人は是非これもチャレンジしてみてください。

まずはダンベルを使った基礎的なものから紹介をします。ダンベルを持っている方は活用してみましょう。強度設定はダンベルの重さで行うので強度表示はしません。

ダンベルワンハンドロウイング

20回×2〜3セット（左右）

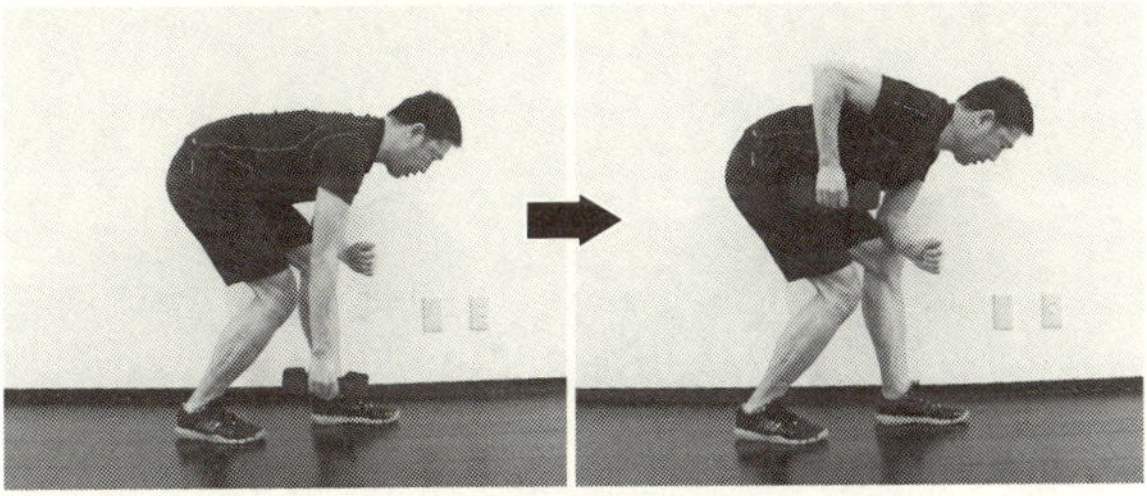

①片脚を前に出し、同じ側の肘をももの上につけます。
②背中を床面に対して平行にします。
③前に出している脚と反対側の手にダンベルを持って、腕が床に対して垂直になるようにします。
④そのまま肘から上に引き上げます。
⑤4秒かけてダンベルを持ち上げ、1秒止まる、また4秒かけて元に戻ります。

リアラテラルレイズ

20回×2〜3セット

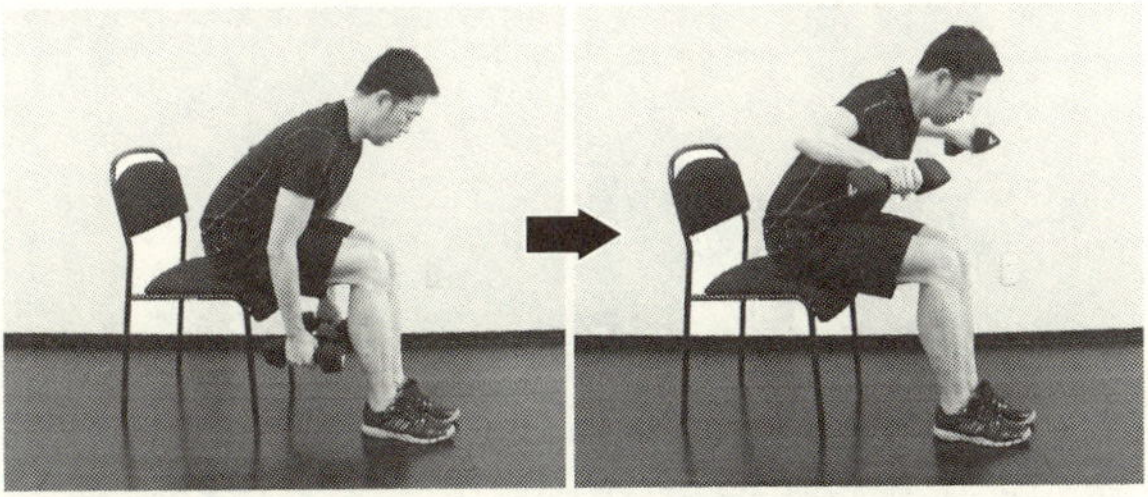

①椅子に浅く腰かけます。
②体を前傾させ、両腕を背中の位置まで持ち上げます。
③肩甲骨を寄せながら行います。
④4秒かけてダンベルを持ち上げ、1秒止まる、また4秒かけて元に戻ります。三角筋と僧帽筋が鍛えられます。

ライクアテーブル

20回×2〜3セット（左右）

自体重でできる背中のトレーニングです。

①両膝を立て両手を床につきます。
②お尻は少し浮かしておきます。
③そのまま肩甲骨を寄せながら体を持ち上げて体重を片手・片足に乗せます。
④4秒かけて体を持ち上げ、4秒間片手をはなして止まる、また4秒かけて元に戻ります。

インナーユニットのトレーニング

お腹を凹ませるために重要な役割をしているインナーユニットのトレーニングです。

さてこのインナーユニット、特に腹横筋を鍛えると腹腔の圧が高まり、分かりやすく言うとコルセットがギュッと締め付けられたような状態になりお腹は凹みます。

しかしこのインナーユニットを鍛えるのは、実はそう簡単ではありません。インナーユニットに限らず、インナーマッスルは一応随意筋に区分され、自分の意思で動かせるものがほとんどなのですが、深層にある上にサイズが小さいため、大きなアウターマッスルのようにその部分を意識して動かす、トレーニングするといったことが非常に難しいのです。

というよりは、インナーだけを単体で動かすことはほぼ不可能でアウターも一緒に動いてしまうため、感覚がアウターにいってしまい、気づいたらアウターだけのトレーニングになっていたというケースが多いと言った方が適切かもしれません。腹横筋のトレーニングでコツをうまくつかめずに、ほぼ腹直筋のトレーニングになってしまっているというケースは代表的な良くあるパターンです。

だから運動経験の浅い、トレーニングをほとんどしたことがない方が、インナーユニットのトレーニング方法を雑誌などで見て自己流でトレーニングしても、実際にはあまり効果を出せないことが多いのです。とはいえ、そう言ってしまっては身もふたもありませんので、比較的筋肉を意識しやすい、コツのつかみやすいトレーニング方法を紹介します。

インナーユニットを鍛えるには主に腹横筋のトレーニングを行います。「プランク」系と「サイドプランク」系の2種目があります。それぞれ自分に合った強度を選び行ってください。倍の秒数を止まっていられるようになったら強度を上げてみましょう。

※補足　サイドプランク系は腹横筋だけでなく脊柱起立筋や腰方形筋を鍛える効果もあります。

プランク＋膝

強度★

30秒静止×2〜3セット

①両肘を肩の下に置きます。
②膝を床につけたまま上体を持ち上げます。
③体を一直線に保ちます。
＊呼吸を止めないように注意

プランク

強度★★

30秒静止×2〜3セット

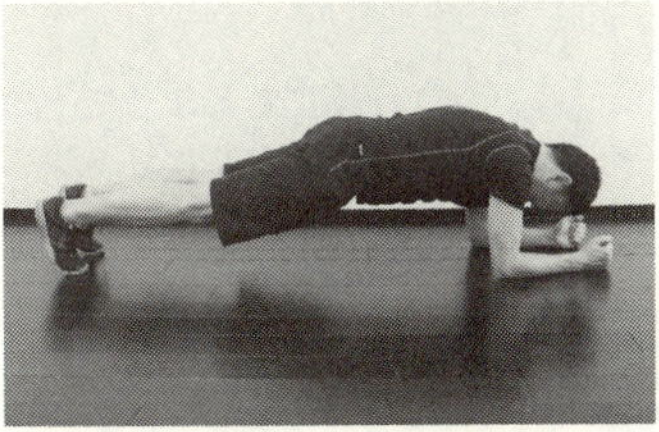

①両肘を肩の真下に置きます。
②頭から踵まで一直線のままを保ちます。
＊呼吸を止めないように注意

サイドプランク&肘＋膝

強度★★

30秒静止×2〜3セット（左右）

①横向きになり片肘を立て肩の真下に置きます。
②両膝は直角に曲げたまま上体を起こします。
③腰を下げないで体が一直線になるように保持してください。
④バランスを崩さずに左右両サイド行います。
＊呼吸を止めないように注意

サイドプランク＋肘　強度★★★

30秒静止×2〜3セット（左右）

①今度は両膝を伸ばします。
②両脚を揃えて頭から足先まで一直線になるようにします。
③バランスを崩さずに保持します。
＊呼吸を止めないように注意

十字シングルレッグサイドプランク　強度★★★★

10秒静止×2〜3セット（左右）

①十字になるように上の腕を伸ばします。
②また同じ方の脚も床と平行になるところまで持ち上げます。
③バランスを崩さず体が一直線になるように保ちます。
＊呼吸を止めないように注意

アウターユニットのトレーニング

インナーユニットを鍛えてお腹を凹ませるにはその外側にあるアウターユニットも鍛えて助けてもらわなければならないということは、第2章の箱と粘土の話で既に理解して頂いていると思います。アウターユニットは腹直筋、外腹斜筋、内腹斜筋で構成されている（86ページ・図13）のですが、インナーユニットに近いより深層部にあるのが外腹斜筋と内腹斜筋です。そのためインナーユニットでお腹を凹ます手助けを主にしているのがこの2つの筋肉であると考えられます。腹直筋は残念ながらほとんど手助けをしていません。腹直筋のつき方、形状を理解すれば、何となくイメージはできるでしょう。このことからも腹直筋のトレーニング（シットアップ）ではお腹が凹まないのがご理解頂けますよね。

外腹斜筋と内腹斜筋は先程も書きましたがアウターなので意識して動かしやすく、効いていると実感しやすいため、インナーユニットよりも容易に鍛えることができます。

ですが、あくまでもお腹を凹ませるインナーユニットの手助け程度にすぎず、凹ませることがメインの仕事ではないので、どんなに鍛えられても直接的にお腹を凹ませるという働きはしづらいのが実情です。

腹横筋はお腹をぐるりと一周回っているような形状をしているのに対し、外腹斜筋は腹部の中心から肋骨の外縁に向けてV字を描くように走り、内腹斜筋は骨盤の外縁から腹部の中央に向けて逆V字を描くように走っている、という形状からもお分かり頂けると思います。この2つの腹斜筋はXの字を作るように交叉しているので、左右を別々に動かすことによって体を捻るような動きをするのがメインの仕事なのです。

筋肉はそれぞれの主な役割が決まっています。そして隣り合う筋肉同士、ちょっとだけ助け合う、その程度の関係でしかないのです。

腹筋運動（シットアップ）でお腹を割る方法

腹直筋を鍛えるシットアップではお腹は凹まないということが十分にお分かり頂けていると思いますが、「それでもいつか内臓脂肪、皮下脂肪が落ちて腹直筋の6パックが浮き出てくることを夢見て、今から腹直筋の厚さ1センチから倍の2センチを目指しトレーニングしておこう！」という意気込みの方に、効果的に腹直筋をトレーニングできる方法をアドバイスします。

79ページでも説明したように、「筋肉には起始部と停止部があり、この起始部と停止部の距離を近づけながら、重力やダンベルなどの負荷を与えながら縮め、そしてまた元の姿勢に戻る」ことが、腹直筋のトレーニングに限らず、筋トレの基本的な考え方です。

シットアップは床などで仰向けに寝て行うので、頭を持ち上げ起き上がるときに、頭と上半身がおもりの役目をして負荷がかかります。このとき可能な限り起始部と停止部を近づけてあげるとより筋肉は収縮します。皆さんがいつも行っているシットアップはおそらく肋骨側、つまり起始部側だけが恥骨に近づいていっているだけだと思いますが、停止部の恥骨側も肋骨側に近づけていこうとすれば、より収縮させることができます。

上体を持ち上げるときに、恥骨（股間）を体の方に向けるように、少し浮かせながら行ってみてください。より腹直筋が縮んでいるのが分かるでしょう。

これから紹介する腹筋運動は、通常皆さんが良く行うシットアップよりも強度を高めに設定しています。お腹をバキバキに割るためには、腹直筋の速筋線維を刺激して肥大させる必要があります。そのために高負荷にする必要があるのです。ちょっとキツいですが反動をつけずにしっかり腹直筋に刺激を与えてください。

ショートVアップ　　強度★★★

10回×2〜3セット（腹直筋）

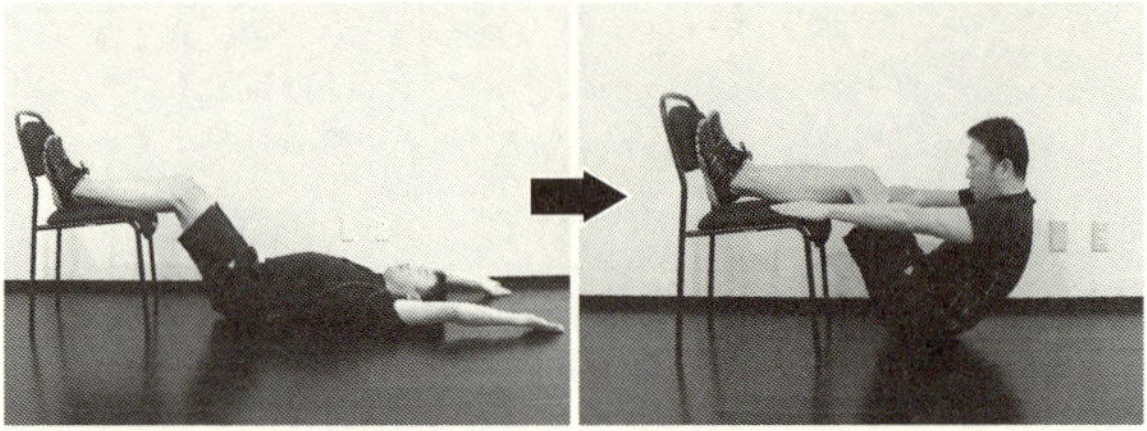

腹直筋のトレーニングです。

骨盤が傾いて肋骨と恥骨が近づきやすくなるように、台などに両脚を乗せて行います。

①両脚を台に乗せ、仰向けになり、両手を伸ばします（台は椅子やソファーでも可）。
②そのまま反動を使わないようにしてゆっくり体を起こします。
③上がりきったところで、両手が台につくところまで上体を持ち上げます。
④そのままゆっくり両手を下げながら元の位置に戻します。
⑤4秒かけて体を持ち上げていき、上で1秒止まります。また4秒かけてゆっくり戻します。

Vアップ

強度★★★★

10回×2～3セット(腹直筋)

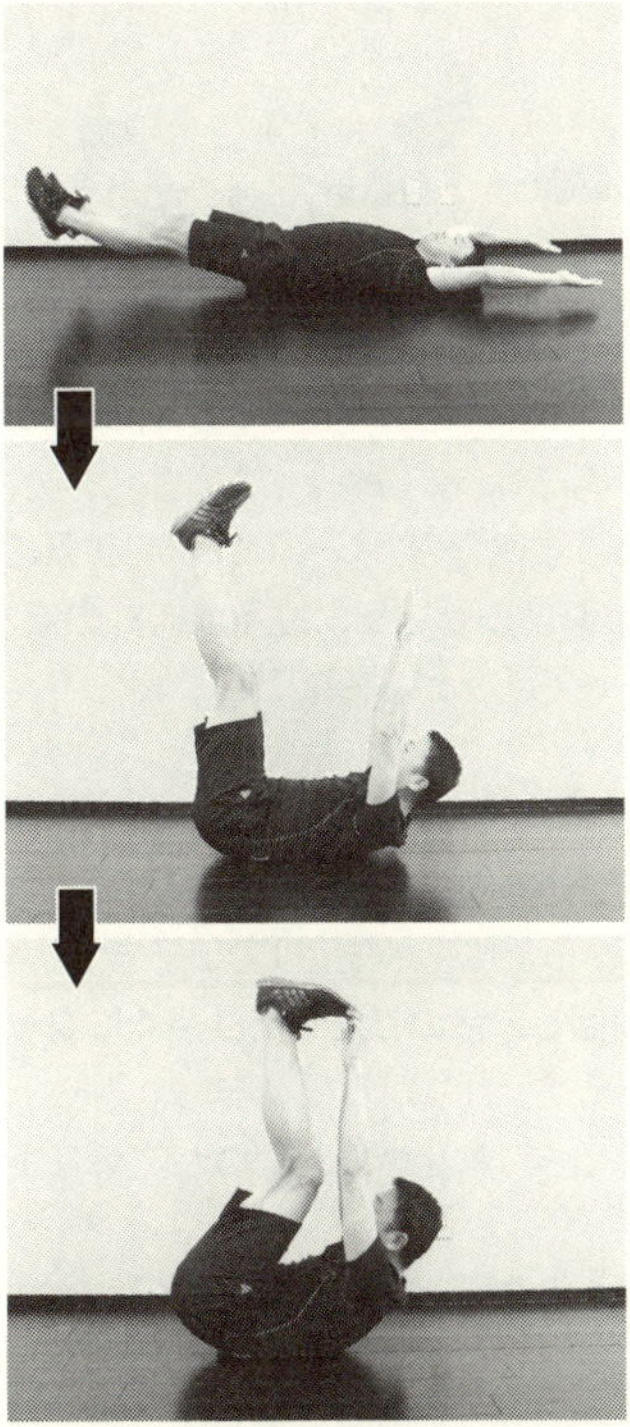

腹直筋のトレーニングです。

①仰向けになってバンザイをします。脚は揃えて少し床から浮かします。
②両手と両脚をゆっくりと同時に持ち上げていきます。
③手でつま先にタッチします。
④4秒かけて持ち上げていき、上で1秒つま先にタッチ、4秒かけて体を下ろしていきます。

注意）反動をつけて持ち上げないようにしてください。

ツイスティングクランチ　強度★★★

10回×2〜3セット（腹斜筋群）

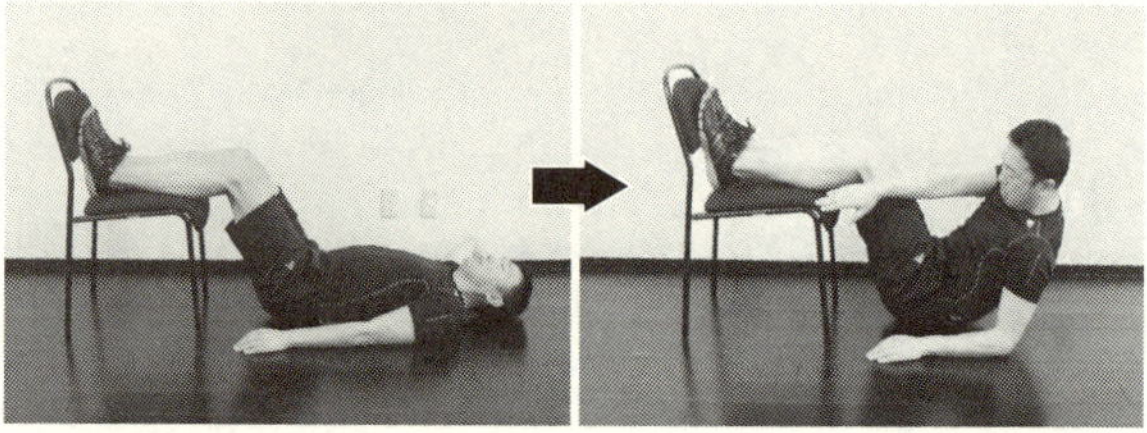

腹斜筋群のトレーニングです。

割ることが目的ならば一番は腹直筋のトレーニングをすることですが、この腹斜筋群は腹直筋の動きを助ける筋肉なので、腹直筋のトレーニングとセットで行うと効果的です。

①両脚を台に乗せます（台は椅子やソファーでも可）。
②片手は頭の後ろ、もう片方は体の横に置きます。
③そのまま体を斜めに捻りながら上体を持ち上げていきます。
④頭の後ろにある方の手を伸ばし、台のできるだけ遠くにタッチします。
⑤4秒かけて持ち上げていき、上で1秒止めて、4秒かけて体を下ろしていきます。

注意）強度が足りない場合は両手を頭の後ろで組み、肘を台の方に近づけるように捻りながら体を持ち上げます。

多くの方が誤解している！ 筋トレの最重要ポイント

筋肉の活動様式（簡単に言うと使い方）には、「コンセントリック」「エキセントリック」「アイソメトリクス」の3つの種類があります。

「コンセントリック」とは筋肉が縮みながら力が発揮される筋活動で、手にダンベルを持って肘を曲げるときの動きがそれにあたります。

「エキセントリック」はその逆で、筋肉が伸ばされながら力を発揮している筋活動の状態です。つまり手にダンベルを持って肘を曲げた状態から、ゆっくりと重力に負けないように肘を伸ばしていくときの動きがこのエキセントリックです。

ストンと重力に任せて体を戻してしまったら筋肉に負荷はかかりません。ゆっくりと重さを支えながら伸ばしていくことで効果的な筋活動が得られます。車のブレーキとアクセルを同時に踏みながら（実際にはあり得ないですが）、少しずつブレーキを弱めていくようなイメージです。

「アイソメトリクス」は筋肉を伸縮させない筋活動のことで、手にダンベルを持っているとしたら、肘を曲げて止まっている動作がそれにあたります。

何度も言いますが、筋トレは筋肉の線維にどれだけ傷をつけることができるかが勝負です。私達トレーナーは、どうすれば効率的に沢山傷をつけることができるかを考えているのですが、実はこのエキセントリックの方が、コンセントリックよりも多くの傷がつくと言われています。ということは、シットアップで体を戻す際、重力に負けて「ストン」と下ろしてしまわずに、ゆっくりとブレーキをかけながら下がっていくようにしてあげると効果が出やすいということです。

実際のスピードで言うと、4秒かけて持ち上げたら最低でも同じ時間の4秒かけて下ろしていく程度です。筋肉にかかる刺激のレベルがいつもと全然違うのをすぐに実感できることでしょう。

シットアップを少しでも効果的に行おうと、目いっぱい体を持ち上げる、また起始部と停止部を近づけようと骨盤（恥骨）を意識する、そこまではいいですが、戻すときに重力に任せてストンと落としてしまっては、あまりにもったいないです。

「俺は毎日腹筋を100回やっているんだ！」などとしばしば耳にしますが、100回連続でできてしまうということは、おそらく戻すとき（エキセントリック）に力を一気に抜いてしまっているのでしょう。もしも戻すときもきっちり同じ時間をかけてゆっくり行って、100回できているのだとすれば、それは超人技だと思います。

ただし、エキセントリックをしっかり行わなくても、100回もやればパンプアップはするので筋肉がパンパンになり、一時的には6パックが浮き上がって見えることがあります。なので効果が出たような錯覚を起こします。

もちろん全く効果がないわけではないですが、100回やれる時間的余裕があるのなら、ゆっくりと戻すときにも負荷をかけて10回を2セット行った方が、腹直筋を肥大させる効果は高いです。100回やったという達成感が欲しい方はもちろんそのままでも良いと思います（笑）。

ちなみにパンプアップとは、ほぼ休みなく筋肉が収縮を繰り返すことで内部の血管が圧迫されて充血状態になり、同時に血流が阻害されるために筋肉内で一時的な酸素不足状態になることを言います。この状態はあくまでも一時的なものですが、応急的に割れているように見せたいときには効果的です。例えばモデルや俳優の方の撮影のときに、このパンプアップという反応を利用することが良くあります。実際に私も、映画やCM、グラビアなどの撮影現場に立ち会い、カメラの角度などを考慮しながら必要な筋肉を撮影直前にパンプアップさせ、その俳優さんの体が筋肉隆々に見えるようにする仕事を行うことがあります。もちろんもともとの筋肉があり、皮下脂肪がそれなりに落ちていることは必要ですが、撮影の直前に10回程度ではなく、30回、40回といった回数の収縮運動を休みなく連続で行ってもらうことで一時的に筋肉はパンプアップされ、画面を通して見るとまるで別人のように映ります。

皆さんも「ここぞ！」というときは、どこかに隠れてシットアップを素早く、連続して沢山の数を休まず行ってみてください。一時的に6つに割れた腹筋ができ上がるかもしれません。ですがちゃんと腹直筋の筋線維に傷を沢山つけ、持続的に厚さをつけていきたいのであれば、戻す動作であるエキセントリックを意識して行うことを心がけてください。

一つここで注意点です。エキセントリックが重要だと知ると、今度はできるだけゆっくりと行おうとします。そうなると今度は回数がこなせなくなってしまい、かえって効率を下げてしまう場合があります。一つの目安として、腹直筋のトレーニングに限らず、10回程度をぎりぎり行えるくらいの強度が適切であるとされています。もし2〜3回で限界を迎えてしまうようならば、もう少し体を戻すスピードを速くすれば良いと思います。

さて最後に「アイソメトリクス」です。

この筋活動ではさほど筋肉の線維に傷はつきませんが、先程のパンプアップ効果は期待できます。またこのアイソメトリクスの筋活動では筋トレの際に参加する筋線維の数が増えると言われています。これはどういうことなのかと言うと、筋トレをしているときに、相当重い負荷を与えていて「もう辛くて限界だ！」と思っていても、実は全ての筋線維が使われているわけではないのです。限界と感じているときでも、実はまだ使われていない、寝ている筋肉（休んでいる筋肉）の線維が存在します。

「火事場のバカ力」と言いますが、これはまんざら比喩表現というわけではなく、火事のような危機的状況下や追い込まれたときには、普段は休んでいる筋肉が目を覚まして、予測もしない力が発揮できるということが、身体生理学的にもあり得ると思います。

トレーニングや普段の生活で筋線維を全て使いきってしまったら、いざというときに体が動かせなくなってしまいます。使わない筋線維がある（寝ている筋線維がある）ことによって、人間の体はいざというときのために備えられているのです。

しかしこの現代の世の中でそう頻繁に危機的な状況は起こらないと思います。

なので筋トレのときに通常よりも少し多くの筋線維が参加するようにしたところで、それほど重篤な問題は生じないはずです。参加する筋線維の数が増えればそれだけ沢山の筋線維に傷がつくわけですから、それが修復されて回復されれば筋肉量が増え、より早く厚さが2センチになるのです。その、トレーニングのときに参加する筋線維の数を増やし、トレーニングの効率を高める方法がアイソメトリクスなのです。

体脂肪率ではなく筋肉率を出してみる

大筋群をトレーニングすると、当然ですが筋肉量は増えていきます。筋肉量が増える上に、内臓脂肪は減ってくるわけですから、当然体の中の筋肉の割合が増えるはずです。

最近の体脂肪計はかなり精度が良くなってきているので、比較的安価なものでも、昔のものに比べて、かなり正確に体脂肪率が測れます。またそれだけでなく、筋肉量が多いか少ないかの評価をしてくれたり、実際に何キロあるのかも表示してくれたり、前回測定したときからどのぐらい増えているのか教えてくれるものまであります。ですがそこまでの性能がついていなくても、体脂肪率だけ測定できれば、簡単に筋肉量・筋肉率は計算することができます。筋トレの成果をより具体的に知りたい方は是非計算してみてください。

筋肉率とは、体重に占める筋肉の重さ（筋肉量）の割合で、体脂肪率は体重に占める体脂肪の重さ（体脂肪量）の割合を指します。

体重73キロ、体脂肪率10％の男性で計算してみます。

1：最初に体脂肪量を出します。
体脂肪量＝体重×体脂肪率（73キロ×0・10＝7・3キロ）

2：体脂肪を除いた体重（除脂肪体重）を出します。
除脂肪体重＝体重－7・3キロ（73キロ－7・3キロ＝65・7キロ）

3：筋肉量を出します。
除脂肪体重の1／2がおおよその筋肉量とされています。
筋肉量＝除脂肪体重×1／2（65・7キロ×1／2＝32・8 5キロ）

4：筋肉率を出します。
筋肉率＝筋肉量÷体重×1 0 0（32・8 5キロ÷73キロ×1 0 0＝45％）
となります。

＊筋肉率が40％以上なら、今後寝たきりになる可能性も少なく、適正な筋肉量があると考えられます。

第4章

お腹を凹ませる3つのルール

食事編

さてこの章では食事について説明していきます。前章までの有酸素運動と筋力トレーニングで消費カロリーは確実に上がりますが、その分摂取カロリーが以前より大幅に増えてしまえば筋肉量は増えても、内臓脂肪は思ったほど減らすことができません。

摂取カロリーを減らす、コントロールすることはある意味一番の難関かもしれません。失敗せずに、効果的に摂取カロリーを減らすためにはどうしたら良いのか？　ただ単に食べる量を減らすのではなく、ちょっとした工夫をしてみると無理なく減らせるかもしれません。ここからはそのコツをいくつか紹介します。全てやってみてください、ということでは決してなく、読んでみてちょっとでも「できそう！」「試してみよう！」と思ったものをピックアップして実践してみてください。読んでみて、最初から「これは無理！」と思ったものは、スルーしてくださって結構です。

摂取カロリーを下げる方法・コツ

【1日14品目法】

リンゴ、トマト、キャベツ、バナナ……、何で我が国ニッポンはこうまでして、1品だけ摂れば痩せるという「1品ダイエット」が生まれては消えるということを繰り返すのでしょうか。スーパーでそれらの食品が姿を消すほどのブームになる、誤った情報に簡単に踊らされてしまう、そんな世の中に恐怖を感じることすらあります。

何かの食品だけを食べ続ける、例えばキャベツだけを食べ続けたとしたら、摂取カロリーは当然減るので、そりゃ実際瞬く間に痩せていくことでしょう。体重だけを落としたいのならオススメの方法です。しかし、栄養バランスを崩せば筋肉量も確実に減ります。筋肉は比重が大きいので、その分体重の減少が数値として表れやすいのも事実です。

しかし、ここまで読んでいただいた皆さんは既に良くお分かりのはずですが、筋肉が減るということは痩せにくい、太りやすい体になるということです。したがって、一時的に体重は大幅に減っても、リバウンドするのは必至です。

バランスの良い食事にしなくてはいけないのは分かっている、摂取カロリーを減らさなければいけないのも分かっている。では両方を叶えるためにどうしたら良いのでしょうか。バランスの良い食事の摂り方には色々な方法があり、実践する上では難しいものも多く長続きしないことも珍しくありませんが、この方法は考え方が簡単で、比較的容易に実践もできます。14個だけ暗記すればすぐに開始できます。

実際に指導現場で長年、多くのクライアントに実践してもらっていて、比較的良い成果を得ることができています。実は私自身も、毎日は難しいのですが、できるだけこの方法を意識して食事を選ぶように心がけています。

では、まずは下記の14品目を覚えてください。

覚えるのはこれだけです。そして守らなければいけないことは一つだけ、穀類以外のものは「1日の中で1品目1回のみ」これだけです。

例えば……

●朝食……パン・ハムエッグ・ヨーグルト・バナナ

だとします。その場合、穀類以外に肉類、卵類、乳・乳製品、果物類を摂ったことになります。となると昼と夜はこの4品目以外から摂らなければなりません。

●昼食……ご飯・焼き魚・レタスサラダ&ドレッシング・冷や奴・わかめの味噌汁・チョコレート

だとすると、穀類、魚介類、淡色野菜、油類、豆・豆製品、海藻類、嗜

●穀類　●肉類　●魚介類　●豆・豆製品　●卵類
●乳・乳製品　●緑黄色野菜　●淡色野菜　●イモ類
●きのこ類　●海藻類　●果物類　●油類　●嗜好品

好品を摂ったことになります。

となると夕食に食べられるのは、穀類以外には残りの緑黄色野菜、イモ類、きのこ類、この3つでメニューを考えれば良いということになります。でもちょっと寂しいですよね。それは朝にハムエッグで肉を使ってしまったからです。そのハムをやめておけば夜にハンバーグを追加することができたということです。1回摂った品目の量がどうであれ、1回摂ったら1品目と考えるようにします。

同じ品目は2回摂らないというこのルールは、意外に簡単に摂取カロリーを減らせますし、それでいて品目が多いので栄養バランスも崩れません。というよりは、今までバランスを考えていなかった方にとっては、むしろ良くなるはずです。厳密に計算すると、口によって栄養素の摂取量にばらつきが生じ、必要摂取量に到達しないこともあるかもしれませんが、全く同じ食事を毎日しているわけではないので問題ありません。

この方法に関して、よくある質問を以下にまとめておきます。厳格なルールがあるわけではないのでご自身で解釈してもらってもかまいませんが、アドバイスとして返答します。

Q：油類とは何ですか？

A：明らかにオイルを使ったもの、または揚げ物を1品目とカウントするようにすると良いでしょう。例えば朝に淡色野菜であるレタスサラダにオイル系のドレッシングをかけたら、夜、緑黄色野菜のトマトサラダを食べるときは、塩などのオイルを使わないものを選択するようにすると良いでしょう。

Q：嗜好品とはデザートのことですか？　それともアルコールですか？

A：完全な正解というのはありませんが、デザートは1品目としてカウントし、アルコールはカウントしないというのでも良いと思います、ただし甘い物もアルコールも大好きで、その両方が摂取カロリーオーバーの要因だと思うのであれば、アルコールを飲んだら嗜好品1として、アルコールを飲まなかったときだけ1回デザートを食べられるというのでも良いと思います。コーヒーや紅茶などは嗜好品として通常は分類されますが、カロリーがほぼゼロですのでカウントしなくても良いと思います。

Q：野菜も1回だけなんですか？

A：そうですね。野菜は比較的低カロリーですが、3食たっぷり野菜を摂取する必要はありません。野菜を食べるには味つけが必要で、ドレッシングなどカロリーを摂る要因になります。「野菜を1日1回にするとビタミンやミネラルが足りないのでは?」と、心配される方もいるかもしれませんが、ビタミン、ミネラルは野菜だけでなく、果物類、海藻類、イモ類などその他の食品にも十分に含まれています。

Q:薬味としてのねぎや生姜などはそれだけで野菜として1品目になってしまいますか?

A:薬味程度の量であれば淡色野菜としてカウントしなくても良いと思います。他で野菜が摂れなかったので鰹のたたきの上の薬味の量を意図して増やした場合などはカウントしても良いと思います。

Q:肉は食べても良いですか?

A:もちろん大丈夫です。というよりは、積極的に摂取するように心がけてください。筋トレをすると筋線維が傷ついてそれが修復され、太く大きくなっていきます。その作業には肉類に含まれるタンパク質が必須です。せっかく必死にトレーニングしても、筋肉を作る材料を摂取し供給してあげなければ、筋肉は作られません。具体的な目安は182ページ以降で解説します。

この方法を実践していけば、

・食べたいものだけを無意識に注文することがなくなる

・考える癖がつくことで食生活の意識が改善される

・同じ品目ばかり食べる偏食傾向が防げる

などの効果が期待できます。

ただ一つ難点は、実践している皆さんから、この方法だと以前よりも食費がかさむようになった、という意見が多く聞かれるということです。確かにそうかもしれません。自炊の場合はより多くの食材を買うことになるので、廃棄率も上がってしまうかもしれません。しかしこれはアイデア次第だと思います。

参考までに14品目の代表的な食品を挙げておきます。

●穀類……白米・玄米・パン・もち・パスタ・うどん・そば・中華麺・そうめんなど

●肉類……牛肉・鶏肉・豚肉・ソーセージ・ハムなど
●魚介類……魚・いか・たこ・えび・かき・しじみ・くらげなど
●豆・豆製品……いんげん・大豆・きな粉・えんどう・豆腐・納豆・豆乳・厚揚げなど
●卵類……生卵・卵焼き・ピータン・たまご豆腐・卵白など
●乳・乳製品……牛乳・チーズ・ヨーグルトなど
●緑黄色野菜……トマト・パプリカ・ピーマン・人参・ブロッコリーなど
●淡色野菜……白菜・レタス・タマネギ・かぶ・大根など
●イモ類……ジャガイモ・さつまいも・こんにゃく・山芋など
●きのこ類……シメジ・マイタケ・なめこ・椎茸など
●海藻類……わかめ・のり・ひじきなど
●果物類……オレンジ・バナナ・キウイ・グレープフルーツ・りんごなど
●油類……ドレッシング・揚げ物・オリーブオイル・バターなど
●嗜好品……アルコール・チョコレート・ケーキ・クッキーなど

これらの分類に、厳密には当てはめられないものもあるかと思います。またあまりに少量であればカウントする必要もありません。厳密に分類することが目標では決してなく、大切なのは、カロリーが高いメインとなる食品を1日に何回も摂ることを防ぐことと、何も考えないで献立を考える、または自分が食べたいものだけを食べるという習慣をなくすことにあります。

ご家庭のある方はどうしても奥様や親御さんなどご家族の協力が必要です。協力をお願いするというよりも、「食生活を見直してみない？」と一緒に誘ってみると良いかもしれません。

【制限食法】

この制限食法は、大変厳しい方法ではありますが、実践できた場合の成功率がとても高いというのも特徴です。かなり辛いですが、モデルや俳優さんが「いついつの撮影までに絞らなければならない……」といったようなときに、良く使っている方法です。効果は速やかに出ますが、キツいので続けるのが難しいというのが実情です。

この制限食法は以下の3つで構成されています。

1：量に制限はあるが食べても良いもの
2：量に制限がなく食べても良いもの
3：食べてはいけないもの

1の【量に制限はあるが食べても良いもの】と2の【量に制限がなく食べても良いもの】の中の食材しか摂取してはいけません。3の【食べてはいけないもの】は文字通り食べられません。肉類は基本鶏のささみのみ、牛肉・豚肉はNGです。

誤解して頂きたくないのですが、牛肉や豚肉が体に悪いということではありません。良質なタンパク質が含まれている食品ではあるのですが、牛肉や豚肉からタンパク質を摂らなくても卵や鶏のささみ、牛乳など他の食べても良い食品の中に十分タンパク質は含まれています。牛肉と豚肉をOKにすると、油で調理をしたりして必要以上にカロリーが上がってしまう可能性があるからです。

1の【量に制限はあるが食べても良いもの】、2の【量に制限がなく食べても良いもの】に書かれている食品だけでも、人間の体に必要な五大栄養素（炭水化物、タンパク質、脂質、ビタミン、ミネラル）は問題なく摂れます。したがって栄養不足になることもありません。

量を制限している理由は、数品だけ限定して食べ続けないようにするためと、それだけではお腹をいっぱいにせず、その他の食品を食べやすい状況を作るためです。

2の【量に制限がなく食べても良いもの】は、単調になりがちな1の食品群にプラスしてアクセントとなり、料理のバリエーションに役立つものです。カロリーが少なく、ビタミンやミネラルの含有量が多いものを選んであります。

3の【食べてはいけないもの】は、1・2の食品に加えて摂取すると、簡単に言うと栄養が豊富な食品群のため、1品だけでもカロリーを摂りすぎてしまう可能性のあるものです。例えばカレーや冷凍食品、中華料理などは食べなくても栄養バランス的には何の問題もなく、むしろそれらを1品加えることによって簡単にカロリーオーバーしてしまいます。また、カロリーが高い割には他の栄養素が少ないものもNGにしてあります。

この制限プログラムを完璧に守った方々を今まで数名見てきましたが、かなりキツそうでした。が、確実に目に見える効果は出ています。最初から全部完璧に実践するのではなく、「最初は制限を緩やかにしてみて徐々にレベルを上げていく」、または「最初はやる気

1：量に制限はあるが食べても良いもの

●穀類…………玄米（3杯まで）・雑穀入り食パン（2枚まで）・そば（1枚まで）
●肉類…………魚（揚げていないもの1匹まで）・鶏肉のささみ（約200グラムまで）・ノンオイルのツナ缶（2缶まで）
●卵類…………2個まで
●乳・乳製品…牛乳（コップ3杯まで）・低脂肪ヨーグルト（無糖小パック1個まで）
●果物類………リンゴ（1個まで）・バナナ（1本まで）
●豆・豆製品…豆腐（半丁まで）・納豆（1パックまで）
●油類…………大さじ1杯まで
●イモ類………2個まで

2：量に制限がなく食べても良いもの

●きのこ類
●海藻類
●色の濃い野菜（ブロッコリー・人参・トマト・ピーマン・ほうれん草など）
●タマネギ
●ねぎ

3：食べてはいけないもの

●揚げ物
●白い穀類（うどん・パスタ・白米）
●加工肉（ベーコン・ハム・ソーセージ）
●アルコール（無理な場合はカロリーオフビール500ml　1本まで）
●牛肉・豚肉
●チーズ
●菓子パン
●スナック菓子
●デザート・アイスクリーム
●いか・えび・貝類・たこ
●練り物
●中華料理系
●ジャム・バター
●冷凍食品
●インスタント食品
●カレー・シチュー

があるので完璧に行ってみて成果が出始めたら徐々に制限を緩めていく」というのでも良いと思います。実際にそのように行った方が成功率は高い傾向にあります。

【レコーディングダイエット】

一時期ブームになった「レコーディングダイエット」ですが、体重や食べたものを記録するというのは非常にオーソドックスな昔ながらの手法で、チャレンジしたことのある方も多いと思います。それも誰に言われたからでもなく、また特別な知識を得たからでもなく、ただ漠然と「やった方が良いかなぁ～」という思いから始めた方もいるのではないでしょうか。

もしくは、常に意識していないと忘れてしまう、すぐにまたやめてしまうかもしれない、といった理由から始めた方もいることでしょう。確かに「ログ（記録）する」ことには、そういった効果があると思います。

しかし私は、「ログする」ことの最大のメリットは、「自分の行動を客観視できる」ということにあると思います。例えば、ある人の1日に密着するドキュメンタリー番組をやっていたとします。その人はダイエットを目的としていて、1日の食生活も全て撮影されています。視聴者はその風景を見て「食べすぎだよ」「また甘い物食べるのかよ」「1日中何かしら食べているよ」「そんなにテレビ見ている時間があるならちょっとは運動しろよ」と、思い思いに感想を抱くことでしょう。しかしそれはテレビに出ている人を第三者が客観視することで初めて気づけることで、おそらく本人にあまり自覚はないはずです。

食生活や行った運動メニューを「ログする」と、1日の終わりに、もしくは次の日、1週間後に自分の行動記録を見ることによって「自分を自分で客観視」でき、「どうするべきだったのか？」ということを考えるようになり、それはその後の行動に必ず活きてきます。

ですがこの「ログする」という手法は、人によって向き・不向きがあると私は思っています。なぜかというと毎日記録するということは、常に自分にブレーキをかける、欲求を制限するという要素も強いからです。だから我慢させられるのは苦手、我慢が続くと爆発してしまう、という方にはこの方法はあまり向いていません。反対に制限される、抑制されることが安心感に繋がる人には向いていると思います。

体重を記録する意味

食生活や行った運動メニューを記録することにはこのようなメリットがありますが、日日の体重を記録することは、それらとは少々意味合いが違ってきます。

そもそも毎日体重を測り、その数グラムの変化に一喜一憂することは実は根本的にナンセンスなことです。なぜならば、体重というのはちょっと運動を頑張ったから、ちょっと摂取カロリーを制限したからといって、1日単位でさほど変動するものではないのです。1週間に一度、1カ月に一度の測定でやっと変化が確認できる程度です。ですが実際に毎日測っていると変動がありますよね。それはほとんどの場合水分量の変化、もしくは食事量の違いや排尿排便の状況によるもので、体脂肪の増減量ではないのです。

例えば理論上では、体重70キロの人が1時間で約10キロ走ったとすると、それにより減る体脂肪量は100グラムにも達しません。水を1000ミリリットル（小さいペットボトル1本で500ミリリットルです！）飲んでしまえば体重は変わらないですし、体重が減っていたとしたら、汗によって排出される水分量と考えるのが妥当でしょう。

1日で減り得る体脂肪量はそれぐらい少量なのです。

それを数グラム単位で一喜一憂すること自体がナンセンスというわけです。なので毎日測る必要は基本的にないと、私は考えています。

また、昼にラーメンを食べてその日の夜に体重計に乗って「やっぱりラーメンのせいで

○○グラム太った」と後悔している人もいるかもしれませんが、それは炭水化物を多く摂ったために、体水分量が増えただけで、その日のうちに体脂肪になって体重が増えるわけではありません。炭水化物（糖質）は1分子に対して水が3分子吸着するのでその分体重が水分によって重くなるのです。またラーメンは塩分が多いので血液の電解質の濃度が高くなるため、それを薄めようと水分の摂取量が多くなります。

このような理由から総合的に判断して、日々体重を記録することにあまり意味はないのですが、そうしないとだめになってしまう、またそれによって安心できる、という方は行えば良いと思いますし、1週間、1カ月単位の推移を見ていくことにはとても大きな意義があります。

食生活日誌の書き方

食生活日誌の書き方には2つの方法があります。

①内容を記録するもの
②時間を記録するもの

いずれの方法も、自分が無意識に食べてしまっているものを記録することによって次回に活かすことが目的です。

①は、食べた内容、つまり何をどれだけ食べたのかを記録する食生活日誌です。摂取したものを水以外のものは全て記入します。量も書きますがグラム単位まで正確に明記する必要はありません。次ページの例のように大まかでかまいません。

そして1日の最後、または1週間後にまとめてでもいいので、最後に自己評価をします。実際に計算しなくていいので、「摂取カロリーがｏｖｅｒだったのか？　それともｃｌｅａｒできたのか？」、そして「栄養バランスはどうだったのか？」（このバランスの考え方は本章冒頭の【1日14品目法】を使うと参考になると思います）、自分で自己評価欄に◯をつけます。他者評価ではなく自分で評価することによって自分で問題点に気づくことができ、次回に活かしていくことができます。記録して、冷静に客観視して評価する時間を作ることが重要です。

皆さんはこの例の食事内容を見てどう思われますか？　客観的に判断してみてください。何をどうすれば良かったのでしょうか？　他人の行動は客観的に判断しやすいものです。それを自分に置き換えるのです。

①食べた内容の記録

	摂取したもの（量も明記すること）
朝食	
昼食	
夕食	
間食1	
間食2	
自己評価　摂取カロリー clear・over　栄養バランス good・NG	

記入例

	摂取したもの（量も明記すること）
朝食	コンビニサンドイッチ（卵）2つ コーヒー1杯
昼食	生姜焼き定食（豚肉3枚、千切りキャベツ山盛り）、豆腐の味噌汁（1杯）、ひじきの煮物（少量）、ご飯2杯
夕食	すき焼き定食（牛肉6枚、しらたき・タマネギ・春菊少々）生卵1個、冷や奴、枝豆、ビールジョッキ3杯、ご飯1杯、ピーナッツ、ソーセージ3本
間食1	菓子パン2個、カフェオレ
間食2	チョコレート3粒
自己評価　摂取カロリー clear・over　栄養バランス good・NG	

②食べた内容と時間の記録

時間	摂取したもの
6:30	
7:00	
7:30	
8:00	
8:30	
9:00	
9:30	
10:00	
10:30	
11:00	
11:30	
12:00	
12:30	
13:00	
13:30	
14:00	
14:30	
15:00	
15:30	
16:00	
16:30	
17:00	
17:30	
18:00	
18:30	
19:00	
19:30	
20:00	
20:30	
21:00	
21:30	
22:00	
22:30	
23:00	

記入例

時間	摂取したもの
6:30	
7:00	サンドイッチ、スクランブルエッグ、ハム、オレンジジュース、コーヒー
7:30	
8:00	
8:30	カフェラテ、バナナ
9:00	
9:30	クッキー2枚
10:00	ミカン1個
10:30	
11:00	缶コーヒー
11:30	炭酸飲料
12:00	焼き魚定食
12:30	コーヒー、ガトーショコラ
13:00	
13:30	ミルクティー
14:00	せんべい2枚、お茶
14:30	ミカン1個
15:00	クッキー3枚
15:30	
16:00	アイスクリーム1個
16:30	ヨーグルト
17:00	柿の種、炭酸飲料
17:30	
18:00	おにぎり1個
18:30	
19:00	
19:30	ビール、おつまみ色々
20:00	ラーメン、餃子
20:30	
21:00	
21:30	フルーツゼリー1個
22:00	
22:30	
23:00	

②は、時系列に沿って水以外の口の中に入れたものを全て記録する食生活日誌です。

この日誌はとにかく食べている時間、回数が多い人に有効です。自分が1日中、何かしら食べているという状況に、客観的に気づくことができるからです。特に事務職や家で仕事をしている方に向いています。そしてこの空欄の部分の数を少しでも増やすことを目標にすると良いでしょう。

小腹が空いたらすぐ冷蔵庫をあける、何かに手を伸ばすというのはいわば習慣の一種です。何か食べていないと気が済まない、常にお腹がいっぱいでないと気が済まないというのは、喫煙と同じでその行動自体が習慣化されてしまっています。まずどれだけの時間食べ続けているのかを客観的に見てみましょう。改善はそれからです。

この枠は1時間単位にしても良いかもしれません。ご自分でアレンジしてみてください。空欄の部分と記入されている部分のパーセンテージを出してみても良いと思います。

ただし食事の回数を少なくすれば良いわけではありません。1日3食＋間食1回（4枠だけが埋まる）を基準にして考え、評価すると良いでしょう。

【1日14品目法】
【制限食法】
【レコーディングダイエット（食生活日誌）】①内容を記録するもの　②時間を記録するもの

摂取カロリーを下げる具体的な方法を3種類紹介しました。「この3つのどれが一番良いですか？」と聞かれそうですが、どれが一番ということはなく、それは人それぞれです。実際に多くのクライアントに紹介し実践してもらいましたが、皆さん色々と試行錯誤を重ねながら、ご自身に合った方法を見つけていっています。まず全部試してみるつもりで実践してみてください。自ずとご自身に合っているものが見つかってくることでしょう。3種類試すつもりでやっていて、気づいたら内臓脂肪が減ってお腹が凹んでいたという方もいます。

結局、「どれが一番良いですか？」という質問の答えは、「あなたに合っているものが一番良いですよ」ということになります。

良質のタンパク質が筋肉を作る

ここまでは摂取カロリーを下げる方法を紹介しました。しかし、ただ闇雲に摂取カロリーを減らせば良いというわけでは決してありません。

筋肉量を増やして基礎代謝をアップさせることがお腹を凹ませることに繋がる、そのためにちょっとキツい筋トレが必要だ、ということは第3章までに説明してきました。

しかしこの章の【1日14品目法】のQ&Aでも書きましたが、あれだけの筋トレを頑張っても、筋肉を作るための材料であるタンパク質の摂取が足りなければ、筋トレによって傷ついた筋線維は十分に修復されずに筋肉量は増えません。それは非常にもったいない話です。

お腹が出てきてメタボを気にするようになると、摂取カロリーを下げる一つの方法として「肉を食べない」、または控えるという人も多いと思います。しかし、肉を食べることでお腹が出てしまうわけでは決してなく、もちろん野菜がお腹を凹ませるわけでもありません。

ただし、「肉はタンパク質が多い食品である」ということは事実なのですが、部位によっては脂肪分も多く含み、過剰に摂りすぎれば摂取カロリーがオーバーしてしまうのもまた事実です。ではその点も踏まえた上で、タンパク質の摂取は実際にどのように考えれば良いのでしょうか。3つにポイントを絞って説明します。

①1キロで1グラム

「筋トレをしている場合どのぐらいのタンパク質が必要なのか」を知るために、一つの基準となる数値は、体重1キロに対して1グラムのタンパク質が必要であるということです。それは体重60キロの方の場合、1食あたり20グラムという計算です。

この数値はあくまでも目安であり、おおよその感覚的な数値を分かって欲しいという思いから紹介しているものだということは、ご了承ください（研究者や機関によって若干数値に違いがあります）。

特に運動をしていない、普通の生活を送っている場合におけるタンパク質の必要量は、体重1キロに対して0・8グラムと言われています。活動量が多い方や運動をしている方ですと、体重1キロに対して1・2グラムぐらいです。また、アスリートのようなハードなトレーニングをしている人は2グラム以上必要と言われています。

この書籍で紹介しているような筋トレを行う場合であれば、1キロあたり1〜1・2グラム程度が必要だと理解しておけば良いでしょう。

では1グラムの場合を例に、実際に計算してみましょう。体重70キロの方であれば1日で70グラムのタンパク質が必要ということです。では実際に平均的な日本人の食事では、どの程度のタンパク質が摂れているのでしょうか。

例えば、朝食に和食、昼にランチ定食、夜に肉1品と副菜、味噌汁のような食事の場合、1食あたり約20グラム程度のタンパク質が含まれています。これで1日約60グラム摂れるということです。あと10グラム分をそれにちょっと意識してプラスする。例えば、肉や魚の量を増やす、牛乳や卵を使ったおやつを摂るなどすれば、合計で70グラムに到達します。

もし1食抜いてしまったり、明らかにタンパク質が少ないメニューだったり、または食欲があまりなく残してしまったなどというときは、サプリメントとしてプロテインを使うという選択肢もありだと思います。筋トレの話をすると必ず質問されるのがこのプロテインのことですが、このように必要に応じて足りないときに補う、つまり補助として使うのであればとても有用であると私は考えます。

また、筋トレを頑張った後はタンパク質を多く摂れば摂るほど有効なのでは、と考える方もいるかもしれません。タンパク質を分解して吸収する能力には、大きな個人差があります。筋肉がつきづらいと感じる方は多めに摂取するよう意識することは必要だとは思いますが、タンパク質及びプロテインを摂れば摂るほど筋肉が作られやすいということではありません。

それにもちろん筋トレをしないでタンパク質の摂取量だけ増やしても、筋肉の合成が明らかに高まるわけではないので気をつけてください。むしろオーバーカロリーになりお腹が凹まない要因にもなりかねません。

②アミノ酸スコア100

タンパク質といっても色々な種類があります。肉や魚、卵や牛乳などの乳製品などに多く含まれる動物性タンパク質、納豆や豆腐、豆乳などの豆製品に多く含まれる植物性タンパク質などです。

そのタンパク質はアミノ酸で構成されています。そして人間の体も20種類のアミノ酸で構成されており、そのうち11種類のアミノ酸は体内で作り出すことができるのですが、その他9種類のアミノ酸は体内で作り出すことができないので、その9種類は食品から摂取

図20 必須アミノ酸の桶

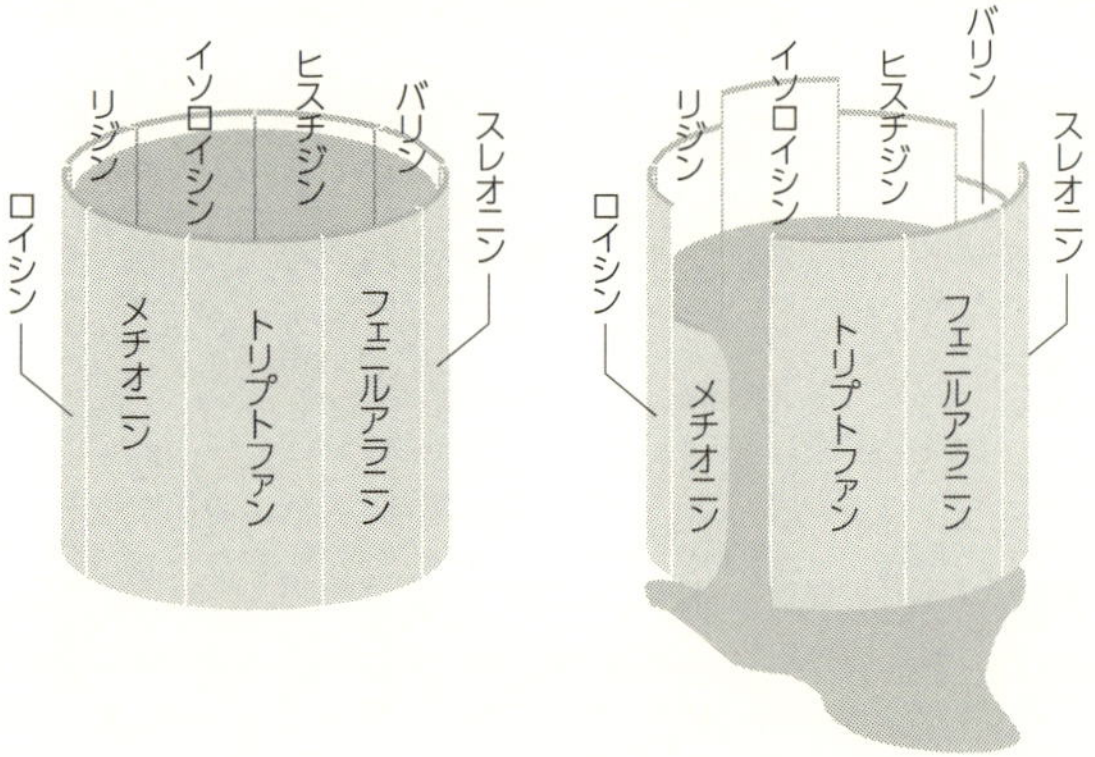

しなければなりません。この体内で作られないアミノ酸を「必須アミノ酸」、体内で作られるアミノ酸を「非必須アミノ酸」と言います。

これら9種類の必須アミノ酸を全て基準値以上含む食品は、「アミノ酸スコア100」と呼ばれています。必須アミノ酸は9種類万遍なく揃わないと吸収されないという特徴があり、上の図20の「必須アミノ酸の桶」のように、一つでも欠けていると桶から水が流れ出ていくように、体内で吸収されなくなってしまいます。したがって、効率良く筋肉に材料を運び筋肉の修復、増大に役立てるためには、アミノ酸スコア100の食品を摂れば良いということになります。

左下の表は、一般的にタンパク質が多いと言われている食品のアミノ酸スコアの一覧です。

この表を見ればお分かりのように、代表的な肉類は全てアミノ酸スコア100です。アミノ酸スコア100の食品を意識して摂ることによって、効率良く筋肉は作られます。動物性が不健康であるということは全くなく、むしろ体を作る上では良質なタンパク源として非常に効率の良い食品であると言えます。

何事もそうですが、過剰に摂れば問題だということであって、動物性が体に悪いということは決してありません。

ちなみに牛乳が悪で豆乳が良というイメージを持たれている方もいるかもしれません。確かに日本人は牛乳に含まれる乳糖が分解できず、下痢を起こす（乳糖不耐症）方が多いのも事実です。そういった方には牛乳はあまり良くないでしょう。しかし、それはどの食

アミノ酸スコア

動物性	植物性
牛肉(100)	玄米(68)
鶏肉(100)	白米(65)
豚肉(100)	おから(91)
まぐろ(100)	枝豆(92)
あじ(100)	食パン(44)
牛乳(100)	豆乳(86)
鶏卵(100)	ブロッコリー(80)
ヨーグルト(100)	人参(55)

出典：『五訂増補食品成分表 2007』(女子栄養大学出版部)

図21 筋力トレーニングとタンパク質の関係

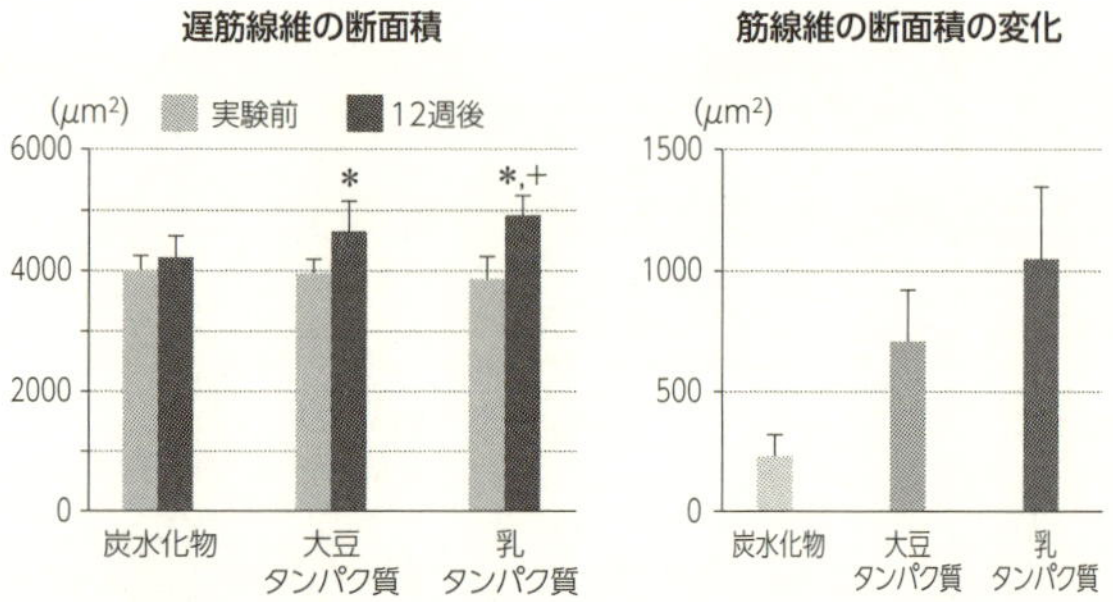

筋線維の肥大は筋力トレーニング後に乳タンパク質を摂取した場合が最も大きい。＊実験前と有意差がある。＋大豆タンパク質及び炭水化物と有意差がある。

出典：『サプリメントのほんととウソ』(NAP)

品でもあることで一部の野菜や果物でも、またはアルコールだってうまく処理、分解できない体質の人はいます。牛乳をやめて豆乳にしたからお腹が凹むことに直結することにはなりません。ちなみに図21は、筋トレ後に大豆タンパク質と乳タンパク質を摂取した場合の筋肉量増加を比べたものです。これを見て頂いても良質なタンパク質が効果的であることが分かって頂けるでしょう。

③高齢になるほど肉は必要

成長盛りの子供は沢山肉を食べ、大人になって、さらに高齢になればなるほど肉は控えるようになる、日本人にはそんな傾向があるように思います。とても残念な勘違いです。

実際は、年齢が高くなってきてからこそタンパク質をちゃんと摂って欲しいのです。

皆さんは「この元気なおじいちゃん（おばあちゃん）は肉を沢山食べるな」と、感じたことはないでしょうか……。あの聖路加国際病院の日野原先生も毎日肉をたっぷり食べているといいます。

若いときは少ない量のタンパク質でも筋肉の合成には十分ですが、高齢になるにしたがって、筋肉を合成する効率は悪くなっていきます。だから本当はより多くのタンパク質を摂取しなければならないのです。そして十分にタンパク質が摂取されれば、若い頃と同じレベルまで筋肉の合成は促されると言われています。

若い人は少量（7～10グラム以下）のタンパク質でも筋肉の合成を刺激するが、高齢者ではこの量ではほとんど刺激しない、しかし25～30グラムの良質なタンパク質を摂取すると、若い人と同じ程度の筋肉の合成を実現できる、という報告もあります。

このことからも、お腹を凹ませたいから内臓脂肪をためたくない、だから肉を極力減らす、というのはかなり非効率と言えるでしょう。しかも筋肉量を増やして基礎代謝を上げたいから筋トレをしているのであれば尚更です。

もしおじいちゃんやおばあちゃんが孫に対して「どんどん肉食べろよ！」と言っている

シーンを見かけたら、「おじいちゃんこそ食べる必要があるんですよ！」と、是非教えてあげてください。

第5章 凹んだお腹を維持する方法

「行動変容論」をダイエットに取り入れる

筋トレをして基礎代謝を上げ、有酸素運動と摂取カロリーのコントロールをすれば、お腹が凹むことは良く分かりました。ここからは最後にして最大の難関、「継続すること」についての話です。多くの方がこれをできずにあきらめてしまい、結局一時的なダイエットにしてしまいます。ある意味最も重要なことと言っても過言ではありません。

「そんなこと言われなくたって分かってるよ！」「分かってるけどできないんじゃん‼」という皆さんの声が聞こえてきそうですが、それはごもっともです。

この第5章ではそんなメンタル面について解説していきます。どうすれば無理なく楽しく続けられるのか、様々な側面からアプローチしていきます。

ですが、「誰もが続けられるようになる方法！」「誰もが簡単に自分を変える方法！」そんなものはあり得ません。前章と同様に、色々な方法を紹介しますので、まずはできるだけ多くを試してみてください。そして自分に合う考え方を選択してください。一つの方法を続けるのではなく、自分に合った方法を見つけるという気楽な気持ちでチャレンジしましょう。

「習慣化された行動をどこかで変えなければ、現状を変えることはできない。どのように変えていったら良いのか？」。心理学の認知行動療法の中に「行動変容論」というものがあります。私はこの理論を運動指導の現場で積極的に活用しています。

正しい、効果的な運動処方をクライアントに提示しても、クライアント自身がそれを実践してくれなかったら何も変わりません。強引に命令してやらせても、長続きはしないどころかクライアントとの人間関係にも歪みが生じてきます。私はトレーナーとして活動を始めてしばらく経った頃この事実に気がつき、心理学を勉強し始めたのですが、初めてこの「行動変容論」を勉強したときの衝撃は、今でも鮮明に覚えています。

まず「行動変容論」とは、相手の行動を変容させる理論だと思っていたのですが、そもそもそれが間違っていたのです。行動変容論の「変」の字は相手を変えさせる「変」ではなく、相手が自分自身で気づいて自分で変わるという「変」だったのです。「他人と過去は変えられない」のだそうです。なるほど、と思いました。

運動指導者はクライアントにとって他人です。他人が無理に変えてやろうと思うから、うまくいかないしトラブルも起こるのです。問題点はどこにあるのか、それをどんな方法だったら解決できるのか、その決定権はクライアントにあります。

私は、長きにわたるトレーナー経験から、クライアント自身が自らの意思で選択したものは、継続できる可能性が高いと実感しています。だから、皆さんにも自分で選択して欲しいのです。

これから紹介する手法は、行動変容論を基軸に、長年現場で指導していく中で得たそれ以外の分野の知識をブレンドし、ブラッシュアップしていったものです。どれが正解で、どれがオススメということはありません。皆さんに合ったものを選んで頂ければ結構です。またいくつかをミックスしてご自身に合ったやり方を作り出しても全く問題はありません。

自分の食行動パターンを知ることで、食生活を変えるきっかけを作る

人間の食に対する考え方や行動は、人それぞれです。お腹がいっぱいになれば何でも良いという人や、毎食3食をきっちり同じ時間帯に食べないと気が済まない、安心しないという人、また美味しいものに徹底的にこだわる人もいます。

以下に、大きく3つに分けられたパターンを紹介します。状況や環境によっても変わると思いますが、自分が主にどのパターンに当てはまるのか、考えてみてください。

①補給系食行動パターン

まず、食行動がどうして行われるのか、脳科学の観点から考えてみましょう。

「食欲」発生のメカニズムは簡単で、エネルギーが不足していることを脳がモニタリングすると「空腹」という感覚がもたらされます。そうすると「お腹が空いた」↓「摂食行動」となります。この人間本来の食行動パターンを「補給系食行動パターン」と言います。

①補給系食行動パターン

エネルギーが不足する
↓
空腹を感じる
↓
食欲を感じる
↓
食物を探す行動
(食物を買う行動)
↓
口に運び咀嚼し飲み込む
↓
消化して体内に
栄養素として取り込む

非常にシンプルな動物本来の食行動です。本来はこのようにしてお腹が空いた、つまりエネルギーが不足したから摂取するというのが自然な動物の反応です。満腹のライオンは、目の前をウサギが通っても捕まえません。

しかし人間は違います。様々な環境や習慣などによって、それとは別のところで食欲という欲求を生み出してしまっています。これから紹介する2つのパターンが、もしかしたら皆さんのお腹が出てしまう要因になっているのではないでしょうか？

②習慣系食行動パターン

②習慣系食行動パターン

1日3食食べるという習慣

⬇

12時だから
食べなくてはならない

⬇

食物を探す行動
（食物を買う行動）

⬇

口に運び咀嚼し飲み込む

⬇

いつもの習慣が
こなせたという安心感

毎日同じパターンで行動し、きっちり食事の時間にはエネルギー不足を起こし、お腹が空いているのなら良いのですが、問題なのはお腹が空いていない、つまりエネルギー不足を起こしているわけではないのに、その時間になると何となくお腹が空いてきた気がして食べてしまう、という食行動パターンです。

これは長年同じ生活習慣を繰り返すことによって強化されたパターンと言えます。

活動量、活動パターンは毎日同じではないですし、毎食の量も当然違います。今日は明らかに朝から動いていない、もしくは朝食を食べる時間が遅かった、というような場合は、無理して同じ時間に昼食を食べなくても良いわけですし、もしかしたらその1食を摂らなくても良いかもしれません。

摂れるだけの時間の余裕や、周りの環境（周りの人がみんなランチに出かける・食べ物が近くにある・すぐに口に入れられる環境）が整っていると、時間になったから食べても良いはずという許可を自分に下しやすくなります。

私のクライアントにも、この行動パターンに完全にはまってしまっている方がいました。この方はいつも朝、起床後の買い物に出かけます。この方は家で仕事をしているので、朝食、昼食、夕食、間食などその日1日に食べるものを全てそこでまとめて買います。買い物から帰ってきてそれらを冷蔵庫にしまい、まずは朝食から、少し仕事をして昼の12時になったら迷わず冷蔵庫から昼食分を出してきて食べ、15時になったらきっちりおやつを食べることも忘れません。そして19時になったらまた迷わず夕食の準備に取りかかります。お腹が空いているのか、空いていないのかは関係なく、時間が行動を起こす唯一の判断基準になっているのです。時計を見て行動を起こす、一種の条件反射のようなものです。

そこで私はこのクライアントに、この習慣系の行動パターンであることを説明した上で、「時間で食べるのではなく、まずは冷蔵庫をあける前に『本当にお腹が空いているのか？』と自問自答する時間を10秒で良いので持ってください」と、アドバイスしました。もちろんそれを試してみるかどうかはクライアント自身が決めることです。その方は「考えるだけならできる」と言いました。

これで良いのです。考えることだけでまず大きな一歩なのです。空腹でなかったら食べてはいけない、などの制限は一切していません。しかし徐々に、何も考えないで時間になったら冷蔵庫に行くという完全に習慣化された行動パターンは変化を見せ始めました。

本人曰く、「お腹が空いたと本当に感じたときまで待った方が美味しいと感じることに気づいた」のだそうです。また、1食に食べる量も毎回ほぼ一定だったのが、それもお腹の空き具合に応じて変えても良い、ということにも気づけたようでした。

さらには、起床後すぐに空腹の状態で買い物に行くため、つい多く買ってしまうのも要因だと気づき、夕食後の満腹時に買い物に行くという習慣に変わりました。

これらは、全て本人が考えて決定し、行動を起こしたことです。きっかけは確かに私が作りましたが、その後は自分自身で様々なことを試してみて、自分自身に合ったやり方を見つけて実行していきました。まさに成功パターンと言えるでしょう。

③報酬系食行動パターン

③報酬系食行動パターン

報酬が欲しいと思う

↓

「美味しいもの」を
自分への報酬としている

↓

美味しいものを探す行動
(美味しいものを
買う行動)

↓

口に運び咀嚼し飲み込む

↓

報酬が与えられた喜び

私自身はこの報酬系に当てはまります。摂取カロリーがオーバーになりがちでお腹が出てしまっている方には、実はこのパターンが多く見受けられます。

この行動パターンを変えるのはとても難しい上に、この行動パターンになって年数が経てば経つほどより強化されるという性質も併せ持っています。

では、どのようにしてこの報酬系食行動パターンが形成、強化されていくのか、簡単に説明していきます。

まず外食に行ったとします。そこでオムライスを注文します。オムライスはいつも家でも食べているし、それほどお店によって味の違いはないだろうと思っていました。しかし実際に食べてみたら自分が想像していた以上に美味しかった。この行動の繰り返しが報酬系食行動パターンを形成、強化していきます。

自分が予測していたよりも良い報酬が得られたとき、その報酬を得る元となった「行動」は強化されます。期待していたよりも大きな報酬を得ることを「報酬予測誤差」と言います。

期待よりも大きい報酬を得る（報酬＞期待）

報酬予測誤差が大きい

⬇

ドーパミンが放出される（ドーパミン作動性ニューロンを興奮させる）

⬇

快感を覚える

⬇

食行動が強化される

⬇

病みつきになる・はまる

これは意志の力とは独立したものです。ということは、強化された行動をやめるには意志の力では不可能な場合が多いのです。あまり良いたとえではありませんが、覚醒剤などの麻薬には、このドーパミン作動性ニューロンの機能を強力に高める作用があります。つまり「病みつきになる機能」を薬物で直接的に駆動させているので抜け出せなくなってしまうのです。

報酬予測誤差が大きいとドーパミンが放出され快感を覚え、またその快感を得たいと無意識に思ってしまいます。そしてさらにその報酬予測誤差が大きい食べ物を探し歩くようになります。例えば……先日のオムライスのお店に再び報酬を求めて行ったとします。そこでふと「もしかしたらこの一番下に書いてあるハンバーグはオムライスよりも美味しいかもしれない、頼んでみよう！」と思い立ちます。実際に頼んでみました。ところがそのハンバーグは期待に反しあまり美味しくありませんでした。そうなると、報酬系の人にとっては報酬が得られなかった（快感が得られなかった）ので納得がいきません。結果、帰りにもう1軒デザートの美味しそうな店を探すことになります。

それがどんどんエスカレートしていくと、1日3食全てで報酬が得られないと満足いかない状態になってしまいます。しかも、最初は少しの報酬予測誤差で満足できても、人間はもっと快感を得たい、もっとドーパミンを放出したいとそのレベルを高めていってしまうものなので、そうなってしまった場合これを変容させるのは容易ではありません。

そこで、報酬系である私が自分自身で心がけていることは、「報酬は1日1回」と決めること。「1日1回報酬が得られれば満足」とするようにしています。例えば、朝食で思いもよらないほど美味しいお米を食べた、ビジネスホテルの朝食ビュッフェなのでさほど期待していなかったのに、意外にもかなり美味しかった、そうしたらその日の報酬はもう終わりです。それ以上は求めないこと。そう思うようにすると、ランチでちょっと期待外れの味でも、朝食で報酬を得ているからいいかなと、自分自身をコントロールできるようになりました。

私の周囲にも完全にこの報酬系だという方が大勢います。

例えば、毎日毎食報酬が得られないと納得がいかないので、いつも美味しいお店の情報や口コミにアンテナを張り巡らせ、実際に足を運ぶ、その結果摂取カロリーが増え内臓脂肪がたまりお腹が出てきたという方。その方にこの報酬系の話をして、自分自身で考えてもらいました。

するとその方は、1週間に1回だけ報酬を得るという方法にしました。週末の金曜日1回の夕食だけ自分の気に入っている、または気になっているレストランに行きディナーを食べる、もしそれで報酬予測誤差が小さかったら土曜日か日曜日にどこか別の店へ行き、ドーパミンを放出させて満足する、そのようにできるだけ変えてみようと試みたところ、平日は以前ほど報酬を得ようと必死にならなくなったということです。

基本的に美味しいものほどカロリーが高いということを、頭に入れておいてください。油っこいもの、甘いもの、クリーミーなものは大抵カロリーが高いのです。油や砂糖、乳脂肪分などをふんだんに使っているから美味しいのです。毎日毎食それらを報酬にしていたのを、週末だけにしたらカロリーは相当セーブできるでしょう。

その他の方法として、私が行っているのは、外食をするときにあまり期待しないことです。食べログなどで★の数が多いとつい過剰に期待してしまいます。そうなるともし美味しかったとしても報酬予測誤差が小さくなってしまい、ドーパミンの量も減ってしまうような感じがします。なので★3・5以上の評価の店だけど、どうせたいしたことないだろう……というように思うことにしています。そうすると、最近は比較的小さな報酬でも予測誤差が大きくなり、満足を得られるようになりました。

運動が嫌いな人に何が起きたのか?

「老年学の父」と呼ばれ、米国だけでなく世界中において、高齢者に対する意識改革に多大な影響を与えてきたロバート・バトラー氏。彼は生前このように言っていたそうです。

「もし、運動を錠剤の中に詰め込んでしまえるならば、その錠剤は、この世の中で、最も広範囲に処方され、恩恵をもたらす薬となるだろう」

分かりやすく言えば、「運動が必要だと認識はしているが辛そうだし面倒くさい、だから錠剤を飲んで済んでしまうなら是非ともそうしたい、という人が世の中には沢山いる」

ということなのでしょう。

現在の日本において、定期的に運動をしている人の割合は、全人口の3割に満たないとも言われています。しかし長年運動指導の現場で働いていると、周りは運動をする人ばかりなので、このことを忘れてしまいがちです。

この書籍において、私がお腹を凹ませる方法として訴えてきたことは、運動をすることと摂取カロリーを抑えることという、極めて基本的なことです。ですが、普段運動をしていない人に対して有酸素運動をしなさい、筋トレをしなさいと言うのは、相当な無理難題を投げかけていることだというのも、重々承知しています。

ここでちょっと考えてみてください。運動をしていなかったせいで内臓脂肪がついてしまった、でも運動をしてお腹を凹ませることに成功した人は世の中に沢山います。その方の全てがとは言いませんが、お腹が出てしまったという方の多くは、もともと運動が嫌いだったはずです。

ではその方々の心や頭の中ではどのような変化が起きたのでしょうか？　昔からずっと嫌いだった運動が今続けられているのには、一体どんなきっかけがあったのでしょうか？

そのあたりを心理学の観点から説明していきます。

運動嫌いの人が、運動を続けられるようになる2つの要素

〈人が行動に対してその動機づけを決定する重要な要素の一つは「行動に関する態度」である〉(Fishbein&Ajzen, 1975) と言われています。

ここで言う【態度】とは、その人がその行動に対して与える【価値や重要度】が反映された信念であるとしています。つまり運動に対して肯定的な態度(価値や重要度が反映された信念)を抱けば抱くほど、定期的な運動を実践したいという気持ちになり、実際に行動する可能性が高くなる (Gravelle, Pare, & Laurencelle, 1997; Gorely & Gordon, 1995)、ということです。そしてこの肯定的な態度には、2つの要素があります。

①評価態度
②感情態度

この2つが両方とも肯定的にならないと、人は定期的に運動を実施したいという気持ちにならないということです。

「評価態度」とは、その人が運動を役に立つもの、有益なものと考えるかどうかといった、運動に対して抱いている価値観のことです。

つまり、その運動が自分にどれだけ重要で有益なものか理解している状態を「評価態度

が肯定的になっている」と表現します。

ここまで散々お腹を凹ませるのに必要な運動を紹介し、そしてそれらの運動がいかに重要で有益なものであるのかを説明（説得？）してきました。私の文章力、表現力はまだまだ貧弱ではありますが、少しはその重要性、有益性が伝わって、皆さんの評価態度が肯定的になっていることを願います。

「感情態度」とは、その人がその運動に対して、価値観とは別の感情的な部分で実際にどのように感じているのかを指します。

つまり、運動に対して感情が肯定的に受けとめているのか、それとも否定的に受けとめているのかどうか、簡単に言ってしまえば楽しいと思っているのか、それとも辛くて嫌々やらなければと思っているのかどうか、ということです。

これら評価態度と感情態度の両方が肯定的でないと、運動を継続させることは難しいのです。つまり、この本をここまで読んでみて、価値や重要性・有益性は良く分かったけれど、実践してみたら、退屈だし、キツい、辛い、痛いと感じている、そういう状態になってしまったら、「肯定的な評価態度」と「否定的な感情態度」の組み合わせになっている状態なので、運動を継続させることは難しいということになってしまいます。

運動が嫌いだったけれど続いているという人は、この評価態度と感情態度が両方とも肯定的になったからと考えられます。つまり、運動の重要性や価値を、書籍や専門家からの説明で理解でき、そして運動を始めてみたら、意外とその種目が楽しかった、つまり感情態度が肯定的になるものに出会えたという場合がほとんどなのです。

〈健康診断でいくつかの項目に引っかかり、運動を勧められ、どんな運動が良いのか模索しているうちに、運動が体に及ぼす効果や重要性に触れることとなり、評価態度が肯定的になった。そしていくつかある運動の中でたまたま選んだランニングが思いの外面白く、楽しくなってしまいフルマラソンにチャレンジしたいという気持ちが出てくるほど感情態度が肯定的になった。気づいたら翌年の健康診断の結果は満点だった！〉

というケースが、最近出会った一番の成功パターンです。

自分が楽しみながらできることが何より大事

ここまで私は、お腹を凹ませるための方法として第1章から色々な運動方法や食事方法などを紹介してきました。まずは、どれが自分にとって楽しみながらできるのか、試すつもりでやってみてください。

基礎代謝をアップさせるために、下肢を中心とした筋トレを頑張らなくてはならない、でも実際にやってみたら「つまらない、辛い、面白くない」、そう思ったらやらなくてもいいんです。でも有酸素運動として、ウォーキングをしてみたら意外に面白かった！　そうしたらウォーキングだけでもいいんです。是非続けてください。筋肉量が低いままで有酸素運動を行っても脂肪燃焼量は低いと説明した通り、時間はかかるかもしれませんが、楽しみながら継続できるのできっと成功する、つまりお腹は凹むでしょう。

また、筋トレと有酸素運動の順番もアドバイスしました。でもそれもいいんです。それはあくまでも研究上の結果であって、有酸素運動をしてから筋トレした方が楽しいと感じるのであればその方が続くので結果、効果があると思います。

「せっかくお腹が凹んでも、またリバウンドしてポッコリお腹になりませんか？」と、成功した方から質問を受けることがあります。そのときに私は必ず2つのことを質問します。

一つは、「お腹を凹ませるにあたり、筋トレをしてきましたか？　そして今筋肉量が多い状態ですか？」。筋肉量が多ければ、それだけ基礎代謝が高いのでリバウンドする可能性が低いでしょう。そしてもう一つ。

「今行っている筋トレや有酸素運動は楽しいですか？　それとも辛いですか？」

もし「楽しいです！」と返ってきたら、迷わず「あなたはまずリバウンドしないですよ」と答えます。そういう人は、たとえその時点で筋肉量が少ない状態であったとしても、リバウンドはしないでしょう。

運動を続けるための6箇条

運動を継続するには色々なコツがあります。私はフィジカルだけでなくメンタル（健康心理士という資格を保有）も見ることのできるトレーナーとして活動しています。

ここで紹介する6つの行動パターンは、心理学の観点からも言えることですし、また長年トレーナーとして活動してきた中で、多くのクライアントの方々から教わった経験則に基づくものでもあります。「運動が嫌いだったのに続いている方達の行動パターン」を6つ、順番に解説していきましょう。

①走り続けない・歩き続けない

皆さんは有酸素運動というと「一定時間、常に同じペースで動き続けなければならない」と思っていないでしょうか？　例えば、1時間一定のペースでウォーキングし続けた場合と、そのウォーキングの途中にカフェで休憩した場合とでは、ウォーキングしている時間・ペースが同じであれば計算上脂肪燃焼量はほとんど変わりません。

「動き続けなければならない」と誤解していた方は運動を「何かのついで」「どこかに行くついで」にでもやってみてはどうでしょうか。

そしてランニングに挑戦してみたいけど、どうしてもハードルが高いと思っている方、ランニングも楽しいですよ！　何しろウォーキングよりも消費カロリーが高いので、断然成果が出やすいですし、性格にもよりますが、達成感や充実感も得られます。ですが、普段から運動をほとんどしていなかった方やウォーキングしかしていなかった方にとっては、最初のうちはキツいかもしれません。一度「キツい」「辛い」というイメージを持ってしまうと中々続かないものです。

そんな方にオススメなのは、「走り続けないランニング」です。ちょっと走ってみて疲れたら、歩いてしまえばいいのです。「ちょっと息が上がってきたな」「ちょっと辛くなってきたな」と思うがままに、自由に歩いたり走ったりを繰り返しても、同じ距離のウォーキングをするよりも消費カロリーは当然高くなります。しかも時間だって短縮できるのです。

それか、もしくは「あそこの信号まで走って次の角までは歩こう」などとルールを決めてゲーム感覚で行うのも一つの方法でしょう。

このようにして無理のないスタイルで、ウォーキングに少しずつランニングをプラスしていくと、自然と走っている時間を長くすることができ、最終的には最後まで走れるようになります。ランニングに挫折してしまう方の多くは、走り続けなければいけないと思い、辛い中頑張りすぎてしまい、ランニングが嫌いになってしまうといったパターンが多いのです。気がついたらいつの間にか長い距離を走れるようになっていた！　そんな形で成功できたら最高ですね。

②2つのコースを作る

さあ、ちょっと走れるようになった、または定期的にウォーキングができるようになってきたという方にオススメなのが、この「2つのコースを作る」という方法です。ウォーキングやランニングを実践する場合、大抵は家からスタートすることになると思います。そうすると、こっちの道を行くと信号が少ないとか景色がいいとか、道幅が広いので走りやすいとか……そういったあらゆる要素から、自分の家を拠点にした「ホームコース」ができ上がってくると思います。

そのような「ホームコース」を一つではなく、必ず「長いコース」と「短いコース」の2パターン作ってください。これはなぜかというと、「今日はちょっと行く気がしないなぁ〜、寒そうだなぁ〜、あまり時間がないしなぁ〜」といった理由から、「走るのをやめてしまおうかな……」という日でも、短いコースを設定しておくと、「長いコースは厳しいけど、短い方のコースなら行けるかな？」という考えに転換できるかもしれず、「走るのを今日はやめてしまった」という失敗体験になる可能性を低くしてくれます。

ちなみに私も2つホームコースを決めています。私の場合はランニングですが、10キロのコースと6キロのコースを設定しています。10キロのコースは1時間弱を要します。しかし6キロなら30分程度です。「今から1時間はキツいなぁ〜、なら今日は6キロコースにするか」と言って短いコースにすることは日常茶飯事です。

もし全く走らなかったら後悔もしますし、何となく罪悪感やもやもやした気持ちが残ってしまいます。忙しくて時間が作れずに、短いコースになっても、「やっぱり行かないで仕事をしていれば良かった」と後悔したことは一度もないですし、「忙しい中でもランニングに行くことができた」という小さな成功体験も得ることができています。

③生活のパターンに入れる

有酸素運動を継続できている人のほとんどが、生活の中において完全に習慣化されています。つまり、自分のライフスタイルに合った無理のないところで有酸素運動を行っているということです。皆さんはどの時間帯やタイミングがご自身に合っていると思いますか？

・朝の出勤前に行う
・通勤や通学のコースで歩く距離を長くする
・昼休みに近くのスポーツクラブに行く
・帰宅後すぐ、シャワーを浴びる前に行う
・火曜と金曜、週末だけなど、曜日を決めて行う

自分にとって一番負担のないところで行うとスムーズに生活習慣、生活パターンの中に入っていきます。そうなったらほぼ成功したも同然です。最初からどのパターンで行うのが一番心地良く、また負担がないのかは分かりません。まずは色々と試してみてください。

「朝、出勤前なんてあり得ない！」と豪語していたのに、一度試してみたらいつの間にか、「朝走らないと体が目覚めないんだ」と言って、はまっていった方を何人も見てきました。何事も試してみないことには始まらないのです。

④スポーツとして取り入れる

これは文字通り、有酸素運動をスポーツ（競技）として考える、取り入れるというものです。例えばランニングも、「マラソン大会に出る」というスポーツに切り替えることで、ダイエット以外の目標が明確になります。自転車に興味があれば、今流行のトライアスロンにチャレンジするのもいいかもしれません。

スポーツとして取り入れた場合の大きなメリットは達成感です。

私は近年、これだけマラソン大会が全国各地で盛んになった理由の一つが、これにあると考えています。

一度はフルマラソンにチャレンジしてみたいと思っていた、それがやっと叶い、そして完走できた！　大きな達成感が得られます。また走りたい、でももはや完走するだけでは同じレベルの達成感は味わえなくなっています。すると今度は少しハードルを上げて5時間を切ってみよう！　などと、タイムに目を向けるようになります。そのようにして人はより興奮する達成感を求めていきます。スポーツにはそんな力があるのです。

全てのスポーツは安静にしているときよりも多くのカロリーを消費します。何が良いのか？　何が効果的なのか？　ということよりも、自分がはまるスポーツに出会えることの方が大切ということですね。それに出会えた人はみんな成功しています。学生時代に部活でやっていたスポーツでもいいと思います。友達がやっているスポーツにチャレンジしてみるのもいいかもしれません。まずは試してみてください。どのスポーツでもお腹が凹むことに繋がります。

⑤体重を測らない

有酸素運動を頑張った後すぐに体重計に乗りたがる方がいますが、まずこの行為をやめましょう。何だか矛盾しているように感じられるかもしれませんね。

体重70キロの男性がフルマラソンを走った際に減少する体脂肪の量は約４００グラムです。ただし水分量が大幅に減るので、体重自体は一時的にもっと減ります。フルマラソンでその量なのです。ということは、日々のウォーキング1回で減る量は微々たるものです

（もちろんその積み重ねで初めて成果が出るのですが）。

1回1回測定して、その1回でもし体重が減っていたとしても、そのほとんどは水分が減った分です。ですから昨日は何グラムも減ったのに今日は何グラムしか減らなかったなどと一喜一憂し、その成果に踊らされるのは、賢明とは言えません。

もちろんそのことを分かった上で日々体重を記録することにより、食事や生活における意識レベルが上がり結果に繋がるケースも多々あります。私もダイエット希望のクライアントに対し、「測る」という行為自体によって自分はダイエット期であるという意識を高めてもらうために、毎日測定するように指導することが実際にあります。ですが単純にどのくらいの体脂肪が減ったのかを記録することが目的なのであれば、1カ月に1回程度の測定で十分です。

⑥誰かと一緒に行う

実は、運動を一人で行っている人よりも、誰かと一緒に行っている人の方が、継続率が高いのだそうです。これだけ多くの方が運動を継続できないと悩んでいる中で、誰かと一緒に運動をしている人は継続率が80％以上にも達するという調査結果があるぐらいです。

一口に「誰かと一緒に」と言っても、色々なパターンがあります。まず最初に思い浮かぶのが、配偶者や兄弟、両親、友人などと一緒にウォーキング、ランニングするということだと思います。

次に考えられるのが、サークルやスクールに入るという方法です。最近はSNSも充実してきていますので、自分がランニングしていることをブログやフェイスブックにアップしたり、ネット上の友人同士で距離を競ったりなどといったことも行われているようです。

またスポーツクラブにおいては、一人でウエイトトレーニングやエアロバイク、トレッドミルなどを行っている人よりも、スタジオでグループエクササイズを行っている人の方が退会率は低いといいます。

それに「私は一人が気楽！」という方でも、自分がしていることに共感してくれる人がいたり、さりげなくエールを送ってくれる人がいたりすることが、頑張れている一つの要因になっているかもしれません。

私のクライアントにも、「60歳を過ぎてフルマラソンに出続けているのは、人に凄いわねぇ～って褒めて欲しいから」とおっしゃる60代の女性がいます。初対面の方に「私フルマラソンやってるのよ」と言うと、大抵の方が「凄いわねぇ～」と驚いてくれるそうで、

「この年で凄いと褒めてもらえる機会なんて滅多にないから嬉しくて！　だから今でも頑張っているの」と素直に話してくださいました。何となくその気持ちは分かるような気がします。この方も、一人で運動しているのではないと言えるのではないでしょうか。

セルフ・エフィカシーを高める

感情態度が肯定的になるということは「運動が楽しい、面白い」と思えるようになることです。ですがここで勘違いしないで欲しいのは、ただ単に楽しい、面白いと思えるスポーツだけが感情態度を肯定的にさせるのではないということです。どういうことなのでしょうか。

心理学の観点から言えば、運動を続けるためには「自分にもできる！」という見込み感、心理学の専門用語では【セルフ・エフィカシー】と言いますが、このセルフ・エフィカシーを高めることがとても重要です。その一つは、成功体験を積むことです。

先程の「運動を続けるための6箇条」で、「2つのコースを作る」という項目を紹介したのは、このセルフ・エフィカシーを高めるためです。

セルフ・エフィカシーは失敗体験が重なると下がります。1か0かだけではなく0・5

という選択肢もあるのです。0は失敗でも、0・5なら小さな成功体験になります。

私は、ここにこそ、スポーツの凄さがあるのだと思っています。お腹を凹ませたいと思ってランニングを始めたとします。

〈今日は1キロ走ろうと決めて、実際に走ることができた。また次の日もサボらずに1キロ走れた。今度は少し距離を伸ばしてみようと思い、そうしたら2キロ走ることができた……〉

このようにして、最初は「できるかな?」と半信半疑だったことでも、徐々に段階を踏んで成功体験を積んでいくと、いつの間にか「自分はできる!」という自信が持てるようになってきます。そうすると今度は、同じ距離でも徐々に速く走れるようになったりと、さらなる成功体験へと繋がっていきます。

それは、ほんの少しの変化、小さな成功体験でも良いのです。最初はちょっと辛い、嫌だと思って始めても、あとちょっとだけ続けてみてください。必ずその運動が徐々に楽にできるようになってきます。そしてスピードが速くなっていたり、筋肉が増えているのを実感できたり、次々と小さな成功体験を積んでいくこととなります。

お腹はまだ凹んでいないと思いますが、40歳、50歳になっても体が成長していると実感できるのは相当嬉しいですし、大きな自信にも繋がります。

私がフルマラソンにはまったのも、徐々に年をとっているはずなのにこの年でもちゃんと練習すれば大会ごとにタイムが上がっていく、この喜びは他のなにものにも代えられない、というのが大きな一因です。今は感情態度が否定的でも、あとちょっと頑張ってみてください。きっとそう遠くないうちに、肯定的になる日がくるはずです。

スポーツのもう一つの素晴らしさは、仲間ができることです。同じスポーツで同じ目標に向かって頑張っている仲間ができることも、大いに感情態度を肯定的にさせてくれます。そんなサークルやクラブに飛び込んでみるのも一つの方法でしょう。

「もし合わないと思ったらやめてしまえばいいや！」。そんな軽い気持ちで踏み込んでみてください。同じ目標を持つ仲間ができて、楽しくなってきてはまってしまい、気づいたらお腹が凹んでいた！　実際に良く聞くパターンです。決して「夢物語」ではありません。

フルマラソンにチャレンジしている人の腹凹達成率の高さの理由

私はマラソン愛好者がここまで急増したのは、これらを含め、あらゆる感情態度を肯定的にする要素を持ち合わせているスポーツだからだと思います。

1週間に3日、1回3キロも走れば、翌週、最初の3日よりも明らかに楽に走れるのを、実感できるでしょう。たった2週目で、既に息の上がり具合が違うのを実感できるのです。かなり早い段階で体が成長しているのを実感できるのが、ランニングの特徴です。

そして忙しい人でもいつでも手軽に、そしてほとんどお金をかけずにできるスポーツでもあります。

フルマラソンの42・195キロという距離もまた魅力的です。生半可な気持ちでは達成できない距離ですが、かといって絶対に不可能ということもない、絶妙な距離なのです。完走できたときの達成感は半端じゃなく、一度味わうと多くの方は病みつきになってしまいます。

そして一人でやるスポーツのように思われるかもしれませんが、近ごろはおそらく皆さんが考えている以上にランニングしている人口が増えていますので、自分がランニングを始めたことを公表すれば、そこかしこから「一緒に皇居ランに行こう」とか「どの大会に出る?」などと声がかかり、自然に仲間が増えていきます。最近は一般の方も入れるランニングクラブが多数できているので、それらに入会するのも良いと思います。ランニングにはまって、フルマラソンにチャレンジして、気づいたらお腹が凹んでいた! これだって決して夢物語ではありません。

目標を設定しないで長めの計画を立てる

「お腹を凹ませたい」ということだけを目標に掲げると、多くの場合挫折します。

1日、数日、数週間必死に有酸素運動を頑張って内臓脂肪を減らしても、基礎代謝をアップさせるために筋トレを頑張っても、摂取カロリーを減らしても、そんなに短期間ではお腹の変化を感じることは難しいからです。少しずつ変化していくその積み重ねで、何となく最近お腹が凹んできたな、と徐々に感じてくるのです。それは通常数日〜数週間といったスパンでは感じられないのが現実です。

お腹を凹ませること一点だけに重点を置いてしまうと、「こんなに頑張っているのに期待通りの変化が得られない」とへこんでしまい、すぐにやる気を失ってしまうかもしれません。このことを予め知っておくだけでも、全然違うと思います。

ではどうしたらそのドロップアウトは避けられるのでしょうか？

そのための有効な手段の一つとして、運動や摂取カロリーコントロールの計画を、1週間単位、または1カ月単位で立てるという手法があります。もちろん半年や1年単位でも、ご自身が一番行いやすい期間設定で結構です。

ここでは1週間単位の計画の立て方の実際例をいくつか紹介します。

例① 有酸素運動単一型

平日は仕事があるのでウォーキングは朝か帰宅後、または昼休みを利用して行うのでせいぜい15分が限度。もし15分時間を作ることができなくても、通勤で行き帰りの利用駅を一つずらして歩くようにすれば、15分は達成できそう。その分週末は少し長めに30分。そして楽しいと思えるスポーツを見つけたいという思いから、大学時代に少しやっていたテニスに再チャレンジすることにした。

例② 食事単一型

偏食傾向にあり、明らかにバランスが悪いと自覚しているので、まずは14品目法のみを使って栄養バランスが崩れているのを改善させることに重点を。運動はひとまずおいておくことに。元々料理をするのは好きだから苦にはならない。週末は活動量が減るので1日1食にして、その分その1回でしっかり報酬を得られるものを食べ満足する。外食もOK。

例③　筋トレ単一型

筋肉量を測定したところ、明らかに低筋力と出てしまった。まず半年間は体重がアップしてもいいので筋トレのみを頑張って基礎代謝を上げることを目標にした。筋トレだったら家でもできるので頑張れる。半年後からは有酸素運動を取り入れていく計画。食事のバランスも良くはないが、14品目法や制限食法をするのはちょっとハードルが高い。そこで最低限下半身と上半身の大きな筋肉の筋トレをした日だけは、アミノ酸スコア100の食品を意識して摂るようにした。

例④　食事単一とランニング

平日はとにかく仕事が忙しいので仕事以外に何

例①　有酸素運動単一型	
月曜日	ウォーキング15分
火曜日	なし
水曜日	ウォーキング15分
木曜日	なし
金曜日	ウォーキング15分
土曜日	ウォーキング30分
日曜日	テニススクール

例②　食事単一型	
月曜日	1日14品目法
火曜日	1日14品目法
水曜日	1日14品目法
木曜日	1日14品目法
金曜日	1日14品目法
土曜日	1食で報酬を得る
日曜日	1食で報酬を得る

もする気がしない。だから食べたものを記録すること（食生活日誌）で精一杯。そしていつも時間で動いているので、決まった時間に食べないと気が済まないのだが、まずはその習慣を変えたい。食べる前に本当にお腹が空いているのかどうか、自分に問いかけるようにすることならできそうだ。そうすることで客観的に自分の食生活を見直し、解決策を見つけたい。平日は運動する時間が取れないが、週末はその分きっちり休めるので、ランニングを始めてみようと思う。

例③　筋トレ単一型	
月曜日	上半身の筋トレ＋ アミノ酸スコア100
火曜日	下半身の筋トレ＋ アミノ酸スコア100
水曜日	腹筋群の筋トレ
木曜日	なし
金曜日	上半身の筋トレ＋ アミノ酸スコア100
土曜日	下半身の筋トレ＋ アミノ酸スコア100
日曜日	腹筋群の筋トレ

例④　食事単一とランニング	
月曜日	食生活日誌＋ 習慣型をやめる
火曜日	食生活日誌＋ 習慣型をやめる
水曜日	食生活日誌＋ 習慣型をやめる
木曜日	食生活日誌＋ 習慣型をやめる
金曜日	食生活日誌＋ 習慣型をやめる
土曜日	食生活日誌＋ ランニング5キロ
日曜日	食生活日誌＋ ランニング5キロ

例⑤　混合型

制限食を毎日はキツいので1週間に2回、週末は家で過ごすので料理を作ってくれる奥さんの協力を得れば14品目法が実践しやすい。毎週土曜日は奥さんと一緒に30分のウォーキングをすることにした。いずれマラソンもやってみたいが今の体力では走り続けるのは難しそう。そこで日曜日にウォーキングとジョギングを交えて60分間行うことから始めてみようと思う。

例⑤　混合型	
月曜日	下半身の筋トレ
火曜日	制限食法
水曜日	上半身の筋トレ
木曜日	制限食法
金曜日	下半身の筋トレ
土曜日	1日14品目法＋ウォーキング30分
日曜日	1日14品目法＋ウォーキング＆ジョギング60分

＊これはかなりハイレベルですね。筋トレで基礎代謝をアップさせることと内臓脂肪を減らす有酸素運動、そして摂取カロリーのコントロール、非常にバランスのとれた計画だと思います。

いくつかの実例を挙げてみましたが、この方法が一番良いというものはありません（最後の例が最も優れているというわけでもありません）。もちろん、有酸素運動も筋トレも摂取カロリーコントロールも全部やって欲しいですし、そうすれば効果も上がります。

しかし、この章で何度も説明していますが、自分にとって一番行いやすいもの、自分に合っているもの、自分のライフスタイルにマッチしているものが、最終的には継続でき、結果を伴います。人に決められるのではなく、あなた自身が決めてください。その決める段階で前記のいくつかの例を参考にしてもらえれば幸いです。

絶対できるだろうという計画では長続きしない?

さて、計画を立てる上で一つ大切なポイントがあります。それは計画のレベル設定です。継続するためにはセルフ・エフィカシー（できるという見込み感）を高めることが重要です。そのためには成功体験の積み重ねだけでなく、そこには【達成感】も必要なのです。

例えば、「週2日スクワットを3回だけやる」、この計画はあなたにとってできる見込みは何%ですか？（次ページ・図22参照）

もしそれが100%であれば成功体験は積めますが、それを繰り返していても達成感は低いでしょう。もちろん運動強度や回数、レベルから考えても低すぎるので何も成果は出ないでしょう。計画を実行する前に、一旦自分で作ってみた計画、例えば先程のような週

図22 セルフ・エフィカシーの尺度表

尺度	
0%	←全く行うことができないだろう
10%	
20%	←多分行うことができない
30%	
40%	
50%	←もしかしたらできるかもしれない
60%	
70%	←多分行うことができる
80%	
90%	
100%	←絶対行うことができるだろう

出典：『セルフ・エフィカシーの臨床心理学』（北大路書房）

単位の計画を見て、「自分がこれを実践できる見込み感は何%なのか？」を、このセルフ・エフィカシーの尺度表から客観的に判断してみてください。

それがもし60%以上の数値であったら、計画を見直しもう少し種目数を増やす、または頻度を増やすなどしてレベルを上げてみてください。反対に、10%以下のようなレベルの高すぎるものにしてしまうと、失敗体験になってしまう可能性が高くなります。

一番適切なのは50%、つまりできるかできないかの見込み感がフィフティー・フィフティーであること。そのレベルの計画だと、達成できたときに「よし！

できた！」という大きな達成感が得られます。その達成感を何度も繰り返していくと、見込み感はどんどん上がり、限りなく１００％に近くなっていきます。そうしたらそこでレベルを上げて、50％のものに作り変えます。もし最初に50％で計画したものが、お腹を凹ませるのに十分な強度や頻度でなかったとしても、こうやって徐々に達成感とともにレベルを上げていけば、無理なくレベルの高い運動や摂取カロリーのコントロールができるようになっていくので大丈夫です！

また、これは自分で％を判断しなくてはならないので、当然誤差や間違いも出てきます。自分は50％だと思ったのに、実際にやってみたらほとんどできなかった、というケースも出てくるでしょう。でもそれは自分の尺度の予測が間違っていただけのことです。もう一度修正すれば良いのです。決して失敗体験ではありません。

自分でできた上がった計画を見て、「これ厳しいなぁ〜、できる自信ないけど何とか頑張ってみるか！」ともし思ったら、その計画は立て直した方が良いでしょう。もちろん人にもよるので、それでも達成率１００％にできる人もいます。ですがもしあなたがそんなに意志が強くないと思うのであれば立て直しましょう。そして「これできるかなぁ〜、でも全くできないレベルでもないしなぁ〜、半々といったところかな？」と思えたら、それはあなたのお腹を凹ませるという成功に一歩近づける、最高の計画が立てられたということです。後は実践あるのみです。

サボることは良いことと考える

そして最後にこのことをお伝えしておきます。最高の自分に合った計画が立てられたとしても、きっといつかあなたはサボります。ほぼ間違いなでしょう。しかし！　皆さんはサボることがいけないことだと思っていませんか？

決してそんなことはありません。サボることは人間であれば当然の行動と言えるでしょう。誰だってサボります。きっとあのイチロー選手だってサボったことの一度や二度はあるはずです。サボってしまったことをいけないこと、「失敗体験」として受けとめてしまうと、セルフ・エフィカシーは低下します。

サボることは当たり前、三日坊主も素晴らしい、3日も続けられたのだから、三日坊主も10回続けたら1カ月毎日運動したのと同じです。サボってもまたやってみる、そしてまたサボる、この繰り返しを何度もグルグルやり続けることがそもそも運動なのです。これを「逆戻りの原理」と言います。

だから絶対に、「自分は続けられない、意志が弱い人間だ」と悲観的に受けとめないでください。いつでも良いから、また始めればいいのです。それを何度か繰り返しているうちに、ふと気づいたらお腹は凹んでいる、そんな日がくるはずです。

あとがき

最後までお読み頂きありがとうございました。「難しかった」「理解できた」「よけいに分からなくなった」などなど、様々な感想を持たれたと思います。

幻冬舎さんから依頼を頂いたときには「腹を凹ます」ということだけで200ページ埋まるかぁ〜!?　と、正直なところ半信半疑でした。文字数にして10万字近く……まさに苦悩の日々でした。何泊ホテルにこもったことでしょうか（笑）。

しかし、こうしてあとがきまでたどり着き、全部読み返してみると、「あれを書いていなかった！」「あのことも書きたかった！」と続々とアイデアが湧いて出てきます。不思議なものです。

幻冬舎さんは「中野さんが書きたいと思うことを、納得いくまで書いてください」と言ってくださっている。ならばそれらを追加しようか？　と昨夜まで考えていました。

しかし今朝、追加するのをやめました。「情報量を多く出しすぎてしまう」。これは私の悪い癖です。ついつい完璧を求めてしまうのです。「もうちょっと詳しく知りたかった！」くらいの方が良いのかもしれない、その方が読者の皆さんも肩の力が抜けて頑張りすぎないレベルから始められるだろう、そんなふうに自分を納得させました。

もし続編を出す機会があれば、そのときには心置きなく残りの情報を出していきたいと思います（笑）。

私は小学生の頃「水戸黄門」が大好きでした。毎週欠かさずテレビを見ていたことを覚えています。

父親に水戸黄門と同じ「印籠」のレプリカを買ってもらい、とても嬉しかったことを今でも鮮明に覚えています。もしかしたら私は潜在意識下で水戸黄門になりたかったのかもしれません。普段は普通のおじさんで、その正体は誰にも分からない。スポーツトレーナーという旅を地道に続けながら、その旅の途中でふと世の中に何かしらの成敗（笑）が必要かなぁと思ったときだけ本を出版する、そんな形でこれからも仕事をしていけたら良いと思っています。

今回この本の出版に際して私の意向を最大限に汲み取ってくださり、このような機会を与えてくださった幻冬舎の高部真人さん。最初に原稿をお渡ししたときの「正直、中野さんがここまで書けるとは思っていませんでした。良い本になると思います」との言葉、あまりにも嬉しくて今でも忘れられません。なので、もしこの本が売れなくても、私はそれだけで十分です。ありがとうございました。

そして私の周りには多くの助さん格さんがいます。

この原稿をまとめてくれた弊社取締役の広津千里を始め森本浩之、佐藤基之、関守、栗城徳識。いつも本当にありがとう！

参考文献

『ランニング障害』日本臨床スポーツ医学会学術委員会編・文光堂
『ウォーキングブック――科学に基づいたウォーキング指導と実践』宮下充正著・ブックハウス・エイチディ
『からだにいい食事と栄養の大事典――図解でわかる！』本多京子監修・永岡書店
『クリニカルマッサージ――ひと目でわかる筋解剖学と触診・治療の基本テクニック』James H.Clay, David M.Pounds 著、大谷素明監訳・医道の日本社
『身体運動の機能解剖 改訂版』Clem W.Thompson,R.T.Floyd 著、中村千秋、竹内真希訳・医道の日本社
『セルフ・エフィカシーの臨床心理学』坂野雄二、前田基成編著・北大路書房
『脂肪細胞の驚くべき真実――メタボリックシンドロームの科学』松澤佑次著・中央法規出版
『体が若返る10の生活習慣――頑張らない、無理しない、簡単エクササイズ』中野ジェームズ修一著・ソフトバンク新書
『食欲の科学――食べるだけでは満たされない絶妙で皮肉なしくみ』櫻井武著・講談社
『石井直方のトレーニングのヒント』石井直方著・ベースボール・マガジン社
『現代心理学シリーズ16 食行動の心理学』今田純雄編・培風館

『究極のトレーニング――最新スポーツ生理学と効率的カラダづくり』
石井直方著・講談社
『健康常識にダマされるな！――誰も教えてくれなかった「通説」のウソ・ホント』
井上健二著、工藤一彦監修・ソフトバンク新書
『サプリメントのほんとウソ――エビデンスに基づいたサプリメントの有効性』
下村吉治編・NAP
『柔軟性トレーニング――その理論と実践』クリストファー・M・ノリス著、
山本利春監訳、吉永孝徳、日暮清訳・大修館書店
『運動処方の指針――運動負荷試験と運動プログラム　原書第7版』
アメリカスポーツ医学協会編、日本体力医学会体力科学編集委員会監訳・南江堂
『五訂増補食品成分表 2007』香川芳子監修・女子栄養大学出版部
画像参考　Tarzan・マガジンハウス

著者略歴

中野ジェームズ修一《なかのじぇーむずしゅういち》

一九七一年生まれ。フィジカルトレーナー・フィットネスモチベーター。

米国スポーツ医学協会認定ヘルスフィットネススペシャリスト。

メンタルとフィジカルの両面の指導ができる、日本では数少ないスポーツトレーナー。

11年半ぶりに復帰したクルム伊達公子選手が全日本テニス選手権でタイトルを獲得するまで、身体蘇生を担当。

現在はロンドン五輪卓球銀メダリスト福原愛選手のパーソナルトレーナーとしても活躍。

全国各地での講演活動も積極的に行っている。

主な著書に『上半身に筋肉をつけると「肩がこらない」「ねこ背にならない」』『下半身に筋肉をつけると「太らない」「疲れない」』（ともにだいわ文庫）、『マラソンは最小限の練習で速くなる！　忙しい人の自己ベスト更新術』（ソフトバンク新書）などがある。

幻冬舎新書 348

なぜいくら腹筋をしても腹が凹まないのか

二〇一四年五月三十日 第一刷発行

著者 中野ジェームズ修一

発行人 見城 徹

編集人 志儀保博

発行所 株式会社 幻冬舎

〒一五一―〇〇五一 東京都渋谷区千駄ヶ谷四―九―七

電話 〇三―五四一一―六二一一(編集)

〇三―五四一一―六二二二(営業)

振替 〇〇一二〇―八―七六七六四三

ブックデザイン 鈴木成一デザイン室

印刷・製本所 中央精版印刷株式会社

Printed in Japan ISBN978-4-344-98349-6 C0295

な-18-1

幻冬舎ホームページアドレス http://www.gentosha.co.jp/

*この本に関するご意見・ご感想をメールでお寄せいただく場合は、comment@gentosha.co.jp まで。